XEERKA SOOMAALIDA IYO CALMAANIYADDA MAXAA U DHEXEEYA?

XEERKA
SOOMAALIDA IYO
CALMAANIYADDA
MAXAA U DHEXEEYA?

CABDULQAADIR CABDULLE DIINI

Diini Publications & Looh Press | 2021

LOOH PRESS LTD.

Diini Publications in Partnership with:
Looh Press
56 Lethbridge Close
Leicester, LE1 2EB,
England, UK
www.LoohPress.com
admin@LoohPress.com

Printed & bounded by: TJ Books, Cornwell, England.
Waxaa Daabacay:

ISBN: 978-1-912411-23-8

TUSMO

HORDHAC

Xilli kasta oo ay dunidu soo martay, waxaa jirey xeerar iyo dhaqammo ay bulshooyinkii jirey ku dhaqmi jireen, iskuna maamuli jireen. Bulsho walba waxay laheyd ama ay leedahay hannaan iyo sharciyo (xeerar) ay ugu talo gashay inay ku maareyso dhacdooyinka kala duwan ee nolosha la xiriira iyo in ay ku xalliso arrimaha dhexdeeda ah. Sharciyadaa iyo nidaamkaa maamul ee ay aadanuhu lahaayeen waxay isugu jireen kuwo Alle u soo dejiyey iyo qaar bulshada jirtaa ay abuuratay. Bulshada Soomaaliyeed waxay ka mid ahayd ummadihii ugu horreeyey ee Diinta Islaamku soo gaartey, sidoo kalena leh xeer fac weyn. Labadaa hannaan; Islaamka iyo Xeer-Soomaaliga, waxay ahaayeen labo hannaan oo ay bulshadu wada haysatey, lagana yaabo midkoodba mar inuu gacanta sare lahaa.

Bulshada Soomaaliyeed waxay ahayd ummad Xeer leh, xeerkaas oo u ahaa sharci dadkoo dhan kulmiya oo aanu qofna ka bixi karin. Sidoo kale, xeerku wuxuu ahaa xarig dadka isku haya, si aanay u kala tagin oo awooddoodu u wiiqmin. Waa hannaan maamul oo ay bulshadu u degsatey in lagu dhaqmo, laguna horjoogsado wax kasta oo bulshada wax u dhimaya, sida; in looga hortago dambiyada dhiciddooda, ama lagu kala saaro labadii ruux ama qoys ee ay wax dhexmaraan. Xeerka waxaa dejiya duqowda iyo hoggaamiyayaasha bulshada, waxaana lagu goyn jirey shirweyne ay ka soo qayb galaan dhammaan dadka deegaankaa deggen.

Ummad walba xeerkeedu wuxuu ku jaango'an yahay waxa ay bulshadu aamminsan tahay, deegaanka ay deggen tahay iyo wixii kale ee noloshooda saameyn ku leh. Bulshada xooladhaqatada ahi way ka dhaqan iyo xeer duwan tahay kuwa reer-magaalka ah, taasna waxaa keenay qaab-nololeedka bulshada. Gaar kuma ahan soomaalida ku dhaqanka xeerka. Intii aanay iman nidaamyada dawladnimo ee ay dunidu ku dhaqanto, waxaa jirey nidaamyo kala duwan, qolo walbana waxay lahayd xeer iyo sharci lagu sargooyey caadadooda.

Sida kor ku xusan, Geeska Afrika waxaa lagu tiriyaa deegaannadii ugu horreeyey ee ay Diinta Islaamku soo gaartey, haddana waxaa ka jiray xeer iyo dhaqan fac weyn oo geyigaa looga dhaqmi jirey. Jiilba jiil ayuu ka dhaxli jirey, wuxuuna ahaa mid maskaxda lagu hayo oo la kala dhaxlo. Ma cadda xilliga uu bilowday iyo halka uu salka ku hayo. Sidoo kale, ma cadda sababaha keenay bilowgiisa. Dhanka kale, si dhab ah looma qeexi karo sababta uu Islaamku u baabi'in waayey Xeer-Soomaaliga, bulshaduna uga tagi weydey!

Sida dhaqanka Soomaaliyeed ku cad, ummaddu waxay ahayd mid shaqo ahaan iyo hoggaan ahaanba kala qaybsan. Xeerku qof walba oo bulshada ka mid ah, si toos ah iyo si dadbanba, wuxuu u yeelay shaqo. Dhanka maamulka iyo hoggaanka, waxaa jirey labo kooxood oo la kala oran jirey *Waranle* iyo *Wadaad*, bulshaduna ay tixgeliso. Waranle wuxuu ahaa ninka reerka hoggaamiya, kuna dhaqa xeerka, wadaadkuna ruux diinta aqoon u leh, markii uu hoggaanka hayana diinta ku dhaqa. Mararka qaar, wadaad baahidiisa waxaa la dareemi jirey marka masalo diineed loo baahdo. Kala qaybintaasu halka ay ka soo jeeddo waa mid isweyddiin mudan! Dhanka kale, kala qaybintaa waxaa laga dheehan karaa oo ka dhex muuqda astaamihii lagu yaqaanney kacdoonkii Yurub ka bilowday. Waxaa Galbeedka ka abuurmay labo maamul oo kala baxsan; wadaad kaniisadda ku kooban iyo maamul ay horkacayaan oo ay garwadeen ka yihiin koox aan ehlu diin aheyn, waddankana ku maamula mabda'a Calmaaniyadda[1] (secular), kuwaa oo loogu yeero *Calmaaniyiin*, qabana in aanay diintu soo faragashan maamulka iyo hoggaanka bulshada.

Labadaa xeer ee kala ah Xeer-Soomaaliga iyo kii Calmaaniyadda ee Galbeedka ka hirgalay waxay yeesheen siyaasad iyo aragti ay wadaagaan oo ay ka mid tahay in la colaadiyo wadaad, maamulkana laga fogeeyo. Sidoo kale, in xeerka iyo sharciga bulshada lagu dhaqayo uu noqdo mid labadoodu, Waranle iyo Calmaani, ummadda u dejiyaan, iyadoo saldhig looga dhigayo dhaqanka iyo hannaanka siyaasadeed ee bulshadaasi leedahay. Sidaa darteed, waxaa timid isweyddiin ah; suuragal ma tahay in Xeer-Soomaaligu noqday gabbaadkii iyo jidkii mabda'a Calmaaniyaddu uu ku soo galay bulshada?

Sidii ka dhacday Galbeedka, waxaa bulshadii Soomaaliyeed ka dhex aloosmay loollan u dhexeeya wadaad iyo waranle. Sidoo kale, waxaa bilowday isu soo dhowaansho iyo is-afgarad u dhexeeya waranle iyo dawladihii reer Galbeedka, arrinkaas oo keenay in ay abuurmaan isbahaysiyo ciidan iyo mid siyaasadeed oo labadooda ka dhexeeya. Dabacaas iyo nugeylkaa waranle laga helay waxay fududeysay siyaasaddii gumeysiga, waxayna keentay in gumeysigii Ingiriisku uu ku guuleysto inuu abuuro gaashaanbuur Soomaali ah oo uu kula dagaallamo kacdoonkii wadaadku hoggaaminayey ee Daraawiishta. Taa waxaa la mid ahayd isbaheysigii lagu la dagaallamayey ururkii Al-Itixaad 1992 iyo 1996 iyo kii Muqdisho 2006 ee lagula dagaallamayey Maxkamadihii Muqdisho ka aasaasmay.

Buuggan koobani wuxuu isku dayayaa inuu baaritaan ku sameeyo xogtaa iyo soo-jireenkaa qaybo badan oo ka mid ah uu mugdigu ku

---

1 Ereyga "Calmaani" ama "Cilmaani"(عِلْمانِيّ ، عَلْمانِيّ) waa erey Carabi ah, isticmaalkiisu ku cusub yahay luqadda Carabiga. Macnihiisu wuxuu ku soo ururayaa maamul ama bulsho aan maamul diineed lug ku lahayn oo rumeysan in Diinta iyo Dawladda la kala saaro. Fiiri, Yuusuf Qardaawi (1407 H), Safar Xawaali (1402 H) iyo Maxammed Axmed Cabdulqani (2014).

jiro, waxna ka bidhaamiyo arrimahaa iyo isweyddiimahaa kor ku xusan. In uu isku dayo in uu muuqaal guud ka bixiyo Xeer-Soomaaliga iyo taariikhdiisa. Sidoo kale, in uu dulmar guud ku sameeyo mabda'a Calmaaniyadda, bulshadana loo soo bandhigo dhaqammada uu hoosta ku wato mabada'a Calmaaniyaddu. In la muujiyo waxa u dhexeeya Xeer-Soomaaliga iyo Calmaaniyadda, Xeer-Soomaaliguna uu hoosaasin ugu noqday inay dhaqammo qalaad waddanka soo galaan. Dhanka kale, in wax laga tilmaamo sida xeerkeenna loo hagradey ee looga hormariyey mabda'ii Calmaaniyadda ee ay qaateen dawladihii waddanka soo maray.

Ujeeddada uu buuggu ka duulayo waxaa lagu soo koobi karaa:

- In bulshada loo bidhaamiyo saldhigga Xeer-Soomaaliga, taariikhdiisa iyo halka uu ka soo jeedo.

- In la tilmaamo sida uu Xeer-Soomaaligu u fududeeyey in ay bulshada soo dhex galaan dhaqammo shisheeye.

- In la muujiyo halka habacu ka yimid ee bulshada ku keenay in ay xeer ku dhaqanto iyadoo ah dad Muslim ah.

- Sida xeerku uu hadoodil ama gabbaad ugu yahay mabda'a Calmaaniyadda.

- In la caddeeyo in Xeer-Soomaligu ka mudnaa, bulshadana uga fiicnaa mabda'ii Calmaaniyadda ee ay qaateen dawladihii waddanka soo maray.

- Sida xeerku u siiyo magan calmaaniyiin badan oo ummadda ku dhex nool, mabda'aasna faafiya.

- Sidoo kale, in la tilmaamo mabaadi' badan oo ku hoos qarsoon Calmaaniyadda, sida Ilxaadka iyo wixii la mid ah (iwm).

- In falanqeyn lagu sameeyo waxa u dhexeeya Xeer-Soomaaliga iyo Calmaaniyadda.

Buuggu wuxuu ka kooban yahay shan qaybood:

Qaybta koowaad waxay ku saabsan tahay Xeer-Soomaaliga, taariikhdiisa iyo halka uu ka soo jeedo. Qaybta labaad waxay ka hadleysaa Calmaaniyada, taariikhdeeda iyo sababihii dhaliyey. Qaybta saddexaad waxay wax ka tilmaamaysaa mabda'yo iyo dhaqammo kale oo ku hoos qarsoon Calmaaniyadda. Qaybta afraad waxay baaritaan ku sameyneysaa in dhaqammadaasi ka jiraan Soomaalida dhexdeeda. Qaybta shanaad waxay isbarbar dhigeysaa kala-duwanaanta u dhaxeysa Xeer-Soomaaliga iyo Calmaaniyadda.

XEERKA SOOMAALIDA

Qeexidda ereyga "Xeer"

Ereyga "Xeer" waa erey af Soomaali ah, haddii aad sii dhadhamisana waxaa kugu soo dhacaya goob ama dhul la xeeray. Haddii jumlad la geliyo, waxaa la oran karaa, "Hebel dhul weyn ayuu xeertay." Qof kasta oo ereyadaa maqla, isaga oo aan cidna weyddiin, waxa uu garanayaa in dhulkaasu xiranyahay ama xeeranyahay, qof kastaana aanu geli karin oggolaansho la'aan. Dhankaa haddii laga eego, ereygu wuxuu muujinayaa deyd ama xero loo isticmaalo in la isaga ilaaliyo wax kasta oo laga cabsi qabo inay waxyeello u geystaan waxa ama shayga la ilaalinayo.

Sida ay wariyeen aqoonyahanno Xeer-Soomaaliga wax ka qora, ereyga "Xeer" wuxuu asal ahaan ka soo jeedaa ereyga "Xero" oo ah meesha xoolaha lagu xereeyo. Ka dib, ereygii wuxuu isu beddeley "xeer" oo ah sharci dad meel deggen ay degsadeen, si aanay isugu xad gudbin. Sidoo kale, waxaa loo sheegay macne kale oo ah xarigga isku haya dhigaha Aqal-Soomaaliga, si aanay dabaysha iyo wixii la mid ahi u dumin.[1] Qeexiddaa aan kor ku xusnay oo kale ayuu ku qeexay

---

1 Cabdalla Xaaji Cusmaan Ceeleeye (2010).

1

Qaamuuska Afsoomaali, wuxuuna sheegay inuu leeyahay dhowr macne; xayndaab ku wareejin ama meegaar, xarig dheer oo aqalka lagu xajiyo, qodobbo lagu heshiiyey in lagu dhaqmo.[2]

Qeexiddan dambe waxay iyaduna muujineysaa in sida xariggaasu uu dhigaha aqalka isugu hayo uu xeerkuna dadka isugu hayo. Labada macne markaan isu geynno, "Xeer" wuxuu noqonayaa sharci dadkoo dhan kulmiya oo aanu qofna ka bixi karin. Sidoo kale, wax dadka isku haya, si aanay u kala tagin oo awooddoodu u wiiqmin. Dhan kalena, nidaam dadku u siman yahay oo hal meel isugu keenaya, qofna aanu iska weyneysiin karin.

Xeer-Soomaaligu waa hannaan maamul oo loo degsadey in lagu dhaqmo, laguna horjoogsado ama wax looga qabto dambiyada dhiciddooda, ama lagu kala saaro labadii ruux ee ay wax dhex maraan. Waa go'aammo iyo qoddobbo la isla soo ururiyey, looguna talo galay nidaaminta isla noolaanshaha, isdhexmarka iyo wada dhaqanka dadka ku nool deegaanka ay deggen tahay bulshada degsaneysa xeerkaas. Arrinkaas waxaa looga dan leeyahay inuu ruux kasta oo bulshada ka mid ahi ku noolaado nabad, barwaaqo iyo baraare. Sidoo kale, in aanu ruuxna ruux kale ku xadgudbin.[3]

Waxa kale oo ereyga "Xeer" loo adeegsadaa "Abaal", sida qof aad abaal u gashay. Waa iyada la yiraahdo, "Hebel ama hebla xeer ayaan ku leeyahay, ama xeer ayuu ii dhigtay." Sidoo kale, waxaa loo isticmaalaa in arrin laga tago, iyadoo la eegayo ama la tixgelinayo wax kale. Waxaa la yiraahdaa, marka qof uu ka tago arrin uu sameyn lahaa, isagoo eegaya ehelnimo, "Arrinkaas waxaan uga joogsadey waxaan xeerinayaa ehelnimada naga dhaxeysa."

---

2 Machadka Afafka ee Jabuuti iyo Naadiga Qalinleyda iyo Hal'abuurka Soomaaliyeed (2013).
3 Axmed Shiikh Cali Buraale (1977).

Xeerku wuxuu dadka u yahay xakame oo kale, waana iyada lagu hal qabsado, "Xeer waa xakame." Sida faraska iyo gaadiidka la fuulaba uu xakamuhu ugu yahay waxa lagu hayo, si aanu qofka gacantiisa uga bixin, ayuu xeerkuna dadka ugu yahay wax lagu dhaqo oo lagu xukumo.

Xeerku labo siyood ayuu ku yimaadaa; in arrin kasta oo bulshada ka dhex dhici karta xeer loo sameeyo; tusaale ahaanna la yiraahdo, "Waxaasi haddii ay dhacaan sidaas ayaa xeer u ah". Taasi way yar tahay, in kastoo Ceeleeye (2010) uu ku dooday in markii hore Xeerka Ciisaha la dejiyey, ka dibna la dhaqan geliyey. Waxa kaloo dhacda in arrin walba marka uu dhaco xeer loo sameeyo. Waxaa la yiraahdaa, "Arrinku ma ugub baa, mise waa curad?" Haddii uu noqdo curad, waxaa lagu raadiyaa gar hore oo la qaaday. Haddii uu ugub yahay, markaas ayaa arrinkeeda la galaa, xeerna laga soo saaraa.[4]

Xeerka waxaa dejiya duqowda iyo hoggaamiyeyaasha bulshada, ama dad la xulay oo caqli, karti iyo daacadnimo lagu doortay. Wadaadka diintu wax lug ah kuma lahan dejinta xeerka. Mararka qaar, xeerku wuxuu ka mudan yahay oo ka sitaa diinta, oo xeerka ayaa la doorbidaa in lagu kala baxo. Sidaa darteed, wadaad kaalin kuma lahan dhexdhexaadinta iyo u garqaadka bulshada. Meher iyo reer la dhisayo iyo wixii la mid ah marka loo baahdo ayaa la xusuustaa. Mararka qaar, nabar la simayo ayaa wadaadka la weyddiiyaa, ciddase go'aanka kamadambeysta ah gaareysaa waa odayaasha.[5]

Ragga xeerka dejiya waxaa lagu magacaabaa "Xeerbeegti", waxaana lagu goyn jirey shirweyne ay ka soo qaybgalaan dhammaan dadka deegaankaa deggen. Waxaa kulankaa lagu qaban jirey tuulooyinka, ceelasha iyo balliyada ay biyuhu galaan. Xeer walba waxaa lagu magacaabi jirey goobtii lagu qabtay markii la goynayey. Tusaale

---

4 Cabdalla Xaaji Cusmaan Ceeleeye (2010).
5 Michael van N. (2005).

ahaan, xeerkii "Gaddoondhawe", xeerkii "Hareeri-hoose", xeerkii "Cakaaro" iyo kuwo la mid ah.

Guud ahaan, xeerku wuxuu u qaybsan yahay labo qaybood; mid ciqaabeed iyo mid madani. Marka la faahfaahiyo, wuxuu u sii kala baxayaa qaybo kala duwan oo qayb kastaa ay arrin gaar ah xeer u tahay. Xeeryaqaannada qaar ayaa gaarsiiyey ilaa dhowr iyo toban xeer oo kala ah: xeer magaalo, xeer beeraley, xeer gaddisley, xeer dibad-guuraa, xeer dhallinyaro, xeer geelley, xeer lo'ley, xeer ariley, xeer araheed, xeer colaadeed, xeer fardooley, xeer bulsho, xeer guur, xilo iyo xidid, xeer suugaaneed iyo xeer ergo.[6]

Taariikhda Xeerka Soomaalida

Sidii aan soo aragnay, Xeer-Soomaaligu waa nidaam iyo sharci ay ummaddu degsatey si ay isugu maamusho. Waa hannaan maamul oo dhan walba oo arrimaha bulshada ah taabanaya, arrin kasta oo cusub oo bulshada ku timaaddana waxaa loo sameeyaa xeer ay si fiican uga baaraandegaan waxgaradka bulshadu. Waxaa isweyddiin mudan xilliga uu Xeer-Soomaaligu bilowday! Sidoo kale, bulshada Soomaaliyeed waxay ka mid ahayd bulshooyinkii Islaamku bilowgiisii horeba uu soo gaarey, Shareecada Islaamkuna waa diin dhammeystiran oo aan boos uga tagin cid dambe oo wax ku darta. Haddaba, waa maxay baahida keentay in bulshadu xeer degsato oo ay isku maamusho?

Jawaabaha su'aalahaas iyo kuwo la mid ahiba waxay u baahan yihiin in si qoto dheer loo baaro taariikhda xeerka iyo halka uu ka soo jeedo. Sidoo kale, in cilmibaaris lagu sameeyo waxa dhaliyey in loo baahdo xeer, mar haddii ummadda Soomaaliyeed ay ummad Muslim ah tahay, Islaamkuna bilowgiisiiba uu gaarey.

---

6 Axmed Shiikh Cali Buraale (1977).

Waxaan la isku diiddaneyn in ummad kasta oo meel ku nooli ay
leedahay wax ay ku dhaqanto oo sharci ama xeer u ah. Nidaamka ay
dhigtaan wuxuu ku sargo'an yahay waxa bulshadu rumeysan tahay,
deegaanka ay deggen tahay iyo wixii kale ee noloshooda saameyn
ku leh. Bulshada xooladhaqatada ahi way ka dhaqan iyo xeer duwan
tahay kuwa reer magaalka ah, taasna waxaa keenay qaabnololeedka
bulshada. Iyagu kali kuma aheyne, arrinkaasu wuxuu ahaa wax dunida
ka jira. Reer Galbeedku, intii aanu iman hannaankan dawladnimo
ee cusub, waxay isku maamuli jireen xeer-dhaqameed. Kacaankii
Faransiiska ayaa dhagax dhigay hannaankan dawladnimo ee cusub
ee loo yaqaan `Statutory Law'.[7]

Bulshooyinku way kala dab-qaataan oo isa saameeyaan, labadii
reer oo oodwadaag ahiba wax bay isaga eg yihiin oo ay wadaagaan.
Dhaqanka iyo xeerkaba waa la kala qaataa. Tusaale ahaan, carabtii
Madiina degganeyd Islaamka ka hor waxay wax badan ka qaateen
Yuhuuddii la degganeyd oo aheyd dad Kitaab loo soo dejiyey. Taasi
waxay keentay in ay dhaqan badan ka qaataan, waxayna sababtay in
ay Carabtii kale Islaamka uga hor maraan. Sidaas oo kale, waxaa jira
caadooyin iyo dhaqammo ay Soomaalidu la wadaagto bulshooyinka
deriska la ah. Si la mid ah, waxaa dhaqanka iyo xeerka Soomaalida si
weyn looga dheehan karaa dhaqammo ka soo jeeda bulshooyin aanay
qaarkood deegaan wadagaagin, sida aannu gadaal ka xusi doonno.

Dhaqammadaa iyo caadooyinkaa bulshooyinka kala duwan ka soo
jeeda darteed ayaa la soo guuriyaa in ay Soomaalidu ka soo askuntay
bulshooyin kala duwan oo isku tagey; qaarkood asal ahaan in ay ka
soo jeedaan Carab, kuwo kalena quruunta Kushitiga la yiraahdo.
Waxaa la sheegaa in qowmiyadda Kushitigu ay ku milmeen oo is
dhex galeen Carab ka soo barakacday Gacanka Beershiya. Muddo
dheer ayey dhulka xeebaha ah degganaayeen, waxayna is guursadeen

---

7 Michael van N. (2005).

dadkii Afrikaanka ahaa ee dhulkaa degganaa.[8] Sidoo kale, waxaa deegaanka Soomaalidu degto laga helay calaamado iyo astaamo badan oo tusaya in bulsho kala duwan ay deegaanka soo martay.[9] Dhulka Soomaalida waxaa xilliyada qaar ka aasaasmay maamul wadaag ah oo u dhexeeyey Soomaali, Carab iyo dad Faarisiyiin ah. Maamulladaasi waxay ka hanaqaadeen oo ka dhismeen magaalooyinka xeebaha ku teedsan.[10] Arrimahaasi waxay muujinayaan in ay ummado kala duwani deegaanka soo mareen, kuwaas oo is dhex galay, dhan guur iyo mid dhaqanba. Ummadahaa deegaammada kala duwan ka yimid waxay abuureen dhaqan quruumahaa kala jaadka ah ka soo jeeda.

In ay Soomaalidu ka soo farcantay ummadahaa kala duwan ee deegaanka soo maray iyo in ay aheyd bulsho hal meel ka soo wada jeedda waa arrin muran badani ka taagan yahay. Bulshada Soomaaliyeed waxaa aad caan uga ah in qolo walbaa sheegato in ay ka soo jeeddo Carab, gaar ahaan Qureysh oo ah qabiilkii Nabiga NNKA. Inta badan, sheegashadaa waxaa loo tiiriyaa jaceyl ay bulshadu u qabto Diinta iyo in ay qaraabo la noqdoto Nabiga NNKA.

In kastoo aan lagu sameyn baaritaan qotadheer isirsooca Soomaalida, haddana inta badan waxaa la cuskadaa waxyaabo ay ka qoreen dad shisheeye ah oo qaarkood xilliyo kala duwan waddanka yimid. Iyadoo ay bulshada Soomaaliyeed ku badan tahay sheegashada in ay Carab ka soo jeedaan, haddana qabiilooyinka qaar ayaa ku adkeysta in isirkoodu Carab galo. Qoraaga carbeed ee Axmed Al-raajixi[11] wuxuu qabaa in qabiil qabiilooyinka Soomaaliyeed ka mid ah uu ku abtirsado Cuqeyl Ibnu Cabdumuddalib. Sidoo kale, ninkii Ingiriiska ahaa ee la oran jirey Richard Burton ee qarnigii 19[aad] carriga Soomaalida yimid, waxna ka qoray, wuxuu buuggiisa ku sheegay qabiilooyin Soomaali

---

8 Cali C. X. (1977).
9 Neville Ch. (1965).
10 Qaythaan Bin Ali Bin Jariis. (1995).
11 Axmed Alraajixi Alcuqeyliyi (2007)

ah oo abtirkooda geliya Carab, si ay abtirkooda ugu xiriiriyaan dad karaameysan, sida kuwa sheegta in ay Qureysh galaan. Wuxuu ku doodayaa marka Soomaalida muuqaalkooda, dhaqankooda iyo deegaanka ay degaan la eego, in lagu sheegi karo in ay ka soo jeedaan sinji isku-jir ah oo is dhex galay.[12] Sidaa si la mid ah ayaa Soomaalida intooda badan ay Carab u sheegtaan, qaarkoodna waxaa la weriyaa in ay weli wataan magacii qabiilkii Carbeed ee ay ka soo askumeen, sida qabiilka Gelledi oo Raxanweyn ka mid ah, muddana ka talinayey Afgooye iyo agagaarkeeda. Waxaa la sheegaa in ay carab ka soo jeedaan, gaar ahaan reer Aala Jalnadi oo Cummaan ka soo qaxay xilligii maamulkii reer Banii Ummaya. Waxaa la sheegaa in magaca "Gelledi" uu ka yimid "Jalnadi" oo isbeddel ku dhacay.[13]

Xilliyadan dambe waxaa iyaguna soo baxay qoraallo iyo sheekooyin laga sameeyey oo ku saabsan abtirka qabiilooyinka Soomaaliyeed qaar ka mid ah. Waxaa la sheegay in ay qaarkood ku abtirsadaan Xuseen Bin Cali Bin Abuu Daalib, iyagoo u sii mara Maxammed Bin Xasan Almahdiyi.[14] Maxammed Bin Xasan Almahdiyi waa imaamka 12aad ee ay Shiicadu rumeysan yihiin, kaa oo ay ku sheegaan inuu ilaa hadda nool yahay. Waa Mahdiga ay sugayaan. Shiicadu waxay rumeysan tahay in Maxammed Bin Xasan uu galay god ku yaal magaalada Saamaraa ee Ciraaq isagoo ilaa labo jir ah, markii aabbihii Xasan oo imaamka 11aad ahaa uu dhintay. Culimada taariikhdu waxay isku raaceen in aanu Xasan ilmo ka tagin oo Maxammed Bin Xasan aanu qof jira aheyn. Dhanka kale, Shiicadu waxay rumeysan tahay in aanu Maxammed Bin Xasan ilmo dhalin, markii uu dhuuntayna uu ahaa labo jir aan xilli wax la dhalo gaarin.[15]

12 Richard F. Burton (2017).
13 Mohammed Hussein Moallim Ali (2011).
14 Cabdirisaaq Caqli (2018?).
15 Cabdulqaadir C. Diini (2018).

7

Dhanka kale, waxaa jirta sheekooyin dadku iska dhaxlay oo lagu sheekaysto. Waxaa afka la isaga weriyaa in Qabiilooyinka Soomaaliyeed qaarkood awowgii ay ka soo askumeen uu xilli xilliyada ka mid ah carriga Soomaaliyeed yimid, dadkii deegaanka deggenaana si fiican intay u soo dhaweeyeen ay gabar siiyeen. Sidoo kale ayaa waxaa jira halhaysyo jiilba jiil ka dhaxlay oo loo cuskado abtirka iyo halka qabiilooyinka mid walbaa ka soo jeedo. Sidaas oo kale, ayaa mararka qaar halka qabiil ka soo jeedo waxaa loo cuskadaa murti iyo gabayo xilli hore la tiriyey oo lagu sheego in qabiilkaasu uu abkaa iyo meel hebla ka soo jeedo.

Si kastaba ha ahaatee, sida taariikhda iyo sooyaalkuba caddeeyeen, Geeska Afrika waxaa soo maray ummado kala duwan oo Carab iyo cajam leh, isirkoodiina aanay wada dabargo'in, kuwaas oo xilliyo kala duwan yimid, Islaamka ka hor iyo ka dibba. Dhanka kale, qolooyinka cilmi-afeedku waxay qabaan in afka Soomaaligu uu la bah yahay bahda Kushitiga ee afaf badan la isku yiraahdo. Qolooyinkaa oo ay ka mid yihiin rag badan oo aqoonyahanno Soomaali ah, waxay ku doodaan in bulshada Soomaaliyeed ay sidoo kale ka soo jeeddo bulshooyinkaa afkoodu Kushitigga yahay. Aqoonyahannadaas waxaa ka mid ah Cabdalla Cumar Mansuur iyo Maxammed Gaandi.[16] Dhaqammada iyo caadooyinka bulshooyinkaa in ay Soomaalidu ka soo jeeddo la sheego, si weyn ayuu dhaqankeeda iyo xeerarkeeda uga muuqdaa. Sidaa darteed, markaan arrimahaa fiirinno waxaa noo muuqan kara in, ciddii la doono abtirkooda ha la geliyo oo isirkooda ha lagu sheegee ay Soomaalidu tahay bulsho is dhex gashay oo dhiig iyo dhaqan wadaaga, dhaqankooda iyo caadadoodana laga dheehan karo in ay isugu jiraan oo ka kala yimaadeen bulshooyinkaa kala duwan ee deegaanka soo maray.

Dhanka diimaha marka laga eego, waxaa la sheegaa in ay Soomaalidu Islaamka ka hor haysatey diin ay la wadaagtey bulsho badan oo ay af

---

16 Cabdalla Mansuur (2017) iyo Maxammed C. Gaandi. (2014).

ahaan isku hayb yihiin, gaar ahaan kuwa Kushitiga Bari. Dooddan waxaa cuskada qolooyinka qaba in ay Soomaalidu la bah tahay bulshaweynta Kushitiga ee aanay Carab aheyn. Kushitiga Bari waxaa la isku yiraahdaa Soomaali, Oromo, Canfar, Sidaamo, Burji, Rendiinle iyo inta la bah ah. Waxay ahaayeen ummado wadaaga dhaqammo badan, dhaqammadaa oo salka ku haya diimihii ay haysteen Islaamka ka hor. Aqoonyahannada dagallada baara waxay sheegeen in lagu arkay meelaha qaar waxyaabo muujinaya in diimaha Yuhuudda iyo Kiristanku ay Soomaaliya gaareen. Sidoo kale, waxaa jira ummado badan oo la sheego in ay soo gaareen geyiga Soomaaliyeed. Qaarkood qax iyo sababo kale ayey ku yimaadeen, qaarkoodna ganacsi. Intoodii badnayd ummaddii ay u yimaadeen ayey isku dhex milmeen. Dadkaa yimid qaarkood muddo ayey ka talinayeen qaybo waddanka ka mid ah, waxaana laga xusi karaa reer Ximyar oo reer Yamaneed ahaa, dhulka xeebahana muddo ka talinayey.[17]

Geyiga Soomaaliyeed in ay ku noolaayeen bulsho haysata diinta Kiristanka waxaa xoojinaya arrin laga soo guuriyey dhulmareenka iyo qoraaga Ibnu Xawqal. Wuxuu sheegay in qarnigii 9[aad] ee Miilaaddiga ay deegaanka Saylac deggenayaaeen bulsho Kiristan ah. Wixii intaa ka dambeeyey ayey bilaabatay in Islaamku ku faafo carrigaa, shan qarni ka dib xilligaa Ibnu Xawqal tilmaamayna dadkii deegaanka Saylac deggenaa waxay ahaayeen Muslimiin.[18] Baaritaanno la bilaabay oo ku saabsanaa degellada iyo haraadigii wixii ka haray dadyowgii hore (Archaeology), waxaa hakiyey Dagaalladii Sokeeye. Caddeymo hordhac ah waxay muujiyeen in xilli lagu qiyaasay 3000 ilaa 5000 oo sano ka hor ay bulsho lo' dhaqato ahi deggenaayeen Labada Webi dhexdooda. Wax diidaya ma jiraan in dadkaa xooladhaqatada ah ee xilligaa deegaanka joogey cid ka soo farcantay ay dhulka weli joogaan, haba is dhex galaan dadkii gadaal ka yimid e.[19]

17 Cabdalla Mansuur (2017).
18 Mohammed Hussein Moallim Ali (2011).
19 Virginia L. (2002).

Si kastaba ha ahaatee, deegaanka Soomaalidu degto wuxuu soo maray heerar kala duwan, quruumo kala duwan ayaa soo maray, diimaha laga haystayna way kala duwanaayeen. Sidaa darteed, in ay bulshada ka dhex muuqdaan dhaqammo meelo kala duwan ka soo jeedaa wax lala yaabo ma ahan. Diimahaa iyo dhaqammadaa kala duwan ee ka soo jeeda bulshooyinka meelaha kala duwan ka kala yimid ee gayiga Soomaaliyeed soo maray, waxay saameyn weyn ku leeyihiin xeerka iyo caadada bulshada.

Xeer-Soomaaligu ma qorneyn, laakiin wuxuu ahaa kayd ay dadku maskaxda ku hayaan oo jiilba jiil u gudbiyo. Dhacdo kasta waxaa loo sameeyey qodob gaar ah oo xeer u ah, iyadoo la tixgelinayo dhacdadaas iyo waxa ku xeeran, iyo halka arrinkaasu bulshada ka joogo. Xeerka waxaa saldhig u ahaa dhaqanka, hiddaha iyo caadooyinkii la iska dhaxlay, ha ahaadeen, sidaan xusnay, caadooyin laga keenay ummadahaa dhulka isaga dambeeyey ama mid bulshada dhexdeeda ka abuurmay. Qaybo badan oo Xeer-Soomaaliga ka mid ah waxay salka ku hayaan shareecada Islaamka.

Xilliga uu bilowdey iyo halka uu ka soo jeedo Xeer-Soomaaligu way adag tahay in la gooyo. Qorayaal shisheeye ah ayaa isku dayey in ay helaan halka xeerku salka ku hayo. Cid ka mid ah oo keentay wax caddeynaya in dibadda looga keenay ama shisheeye ku lug leeyahay ma jirto. Waa laga heli karaa waxyaabo ay wagaagaan bulshooyinka dariska la ah Soomaalida, laakiin marka la eego sida xeerka iyo ereybixintiisu ay saafiga uga yihiin wax soo galooti ama af qalaad ah, waxaa lagu adkaysan karaa in xeerku yahay mid Soomaali gaar u ah.[20]

Aqoonyahanno Xeer-Soomaaliga wax ka qoray waxay sheegeen in ku dhaqanka xeerku uu jirey gumeysiga ka hor. Waxay ku doodeen in xeerka la bilaabay, gaar ahaan Xeer Ciise, markii ay burburtay dawladdii Islaamka ahayd ee uu aasaasay Axmed Gurey, qarnigii

---

20 Michael van N. (2005).

15^{aad} ee Miilaaddiga. Waxaa waddanka soo weeraray oo burburiyey magaalooyinkii xeebaha ku yaalley Boortaqiiska. Magaalooyinkaa waxaa ka mid ahaa magaalada Saylac oo magaalamadax mar u aheyd dawladihii Islaamka ee Soomaaliya soo maray. Sidoo kale, Boortaqiisku wuxuu cunaqabateeyey dhulkii, taasina waxay keentay in ay dadku magaalooyinka ka qaxaan oo miyiga u baxaan. Xilligaa waxaa bilaammay in ay dadku u baahdaan wax kala haga oo ay ku dhaqmaan, taasina ay keentay in ay xeer degsadaan.[21]

In kastoo ay suurtagal tahay in xilliga dhibaatooyinka iyo burburku dhaco ay bulshadu dhaqan doorsoonto, diinta ku dhaqankeeduna yaraado, haddana dadku waxay ahaayeen Muslimiin. Waxay ku hoos noolaayeen dawlad Islaam ah, culimana way joogtey. Waa wax adag in dad diin haysta intay diinta ka tagaan ay xeer degsadaan. Dhanka kale, haddii magaalooyinkii xeebaha ahaa la burburiyey, diintu xeebaha kuma koobneyn, magaalooyin kale oo xeebaha ka fogina way jireen. Waxaase la caddeeyey in burburku aanu ku koobneyn magaalooyinka xeebaha ku yaal. Degaanno badan oo berriga ah ayaa lagu arkay haraaga magaalooyin burburay, waxaana ka buuxay masaajid, guryo oo xabaalo Muslimiin oo gaboobey oo muujinaya in ay deegaanka deggenaayeen bulsho ilbaxnimo leh. Bulshadaa dabargo'day waxaa lagu sheegay in ay ahaayeen Muslimiintii Awdal.[22] Si kastaba ha ahaatee, waa suurtowdaa burburkaa xarumihii waaweynaa loo geystey in ay saameyn weyn bulshada ku yeesheen, dhan dhaqaale iyo dhan diineedba.

Aragti aan ka dheerayn midda aan horey u soo xusnay, lagana yaabo in ay xoogeyso ayaa la soo guuriyaa. Orommadu waxay weerar ballaaran ku qaaddey dhulka Soomaalida oo ay wada qabsatay. Orommadu waxay ahaayeen bulsho ballaaran oo cawaan ah. Dhibaatooyin badan ayey dadkii u geysteen, dil iyo dhacna way isugu dareen. Waxaa la soo

21 Cabdalla Xaaji Cusmaan Ceeleeye (2010).
22 Richard F. Burton (2017).

11

guuriyey in ay Orommadu dhulka ku soo duushay oo ay qabsatey 1551 Miilaaddiga, markii ay jabtay dawladdii Islaamka ee Adal. Xeeryaqaannada qaar ayaa ku muddeeyey xilligaa ay Orommadu jabtay ee dhulkii laga kiciyey in loo fariistay in ay dadku xeer degsadaan. Gaar ahaan waxaa si gaar ah loo xusaa in xeerka qabiilka Ciise xilligaa Orammadu jabtay la bilaabay in la dajiyo.[23]

Waxaa jira astaamo muujinaya in ay Orommadu deegaanka soo martay. Waxaa lagu arkay deegaanka u dhexeeya Saylac iyo Harar xabaalo ay ka tageen, qaarkoodna lagu sheegay inuu ku aasan yahay ugaas orommo ah. Sidoo kale, waxaa deegaankaa lagu arkay burbur taallo-tiirriyaad sanam ah oo ay Orommadu caabudi jireen. Waxaa iyana lagu arkay burbur magaalooyin iyo qalcado lagu sheegay in ay xarun u aheyd boqorro Orommo ah, qiyaastii qarnigii 16[aad] ama 17[aad]. Dagaallo ba'an oo Orommada dhex maray in ay magaalooyinkaa ku baaba'een ayaa la soo weriyaa.[24] Dhacdooyinkan taariikheed haddii la sugo, Orommada oo cawaan ahina ay muddo dheer dhulka haysatey, waxay dhulka ku maamuleysey wuxuu noqon karaa oo kaliya xeerkeedii iyo dhaqankeedii. Taasi waxay muujineysaa in xeerdejintu aanay ka marneyn soo minguurin xeerkii iyo caadadii ay ku dhaqmi jirtey Orommadii dhulka haysatey.

Dhaqanyaqaanno kale ayaa sidaa si ka duwan qaba oo rumeysan in dhaqanka iyo Xeer-Soomaaligu uu weligii ummadda la socday; Islaamka ka hor iyo ka dibba. Islaamku markii uu yimid, wuxuu hufay dhaqankii iyo xeerkii ummaddu lahayd, dadkuna si dhammeystiran ugama wada tagin dhaqammadii iyo xeerarkii ay ku dhaqmi jireen. Midba mar ayuu ku xoogeysanayey bulshada dhexdeeda, mar walbana arrinku wuxuu ku xirnaa xaaladda bulshadu ku nooleyd iyo cidda hoggaanka u haysey.[25]

---

23 Cabdalla Xaaji Cusmaan Ceeleeye (2010).
24 Richard F. Burton (2017).
25 Khaliif Ashkir: Xogwareysi aan la yeeshay ayuu sidaa ku sheegay

Sidaa si la mid ah ayaa qolo kale oo dhaqanka wax ka taqaan ay qabaan. Xeer kasta ama dhaqan walba wuxuu bilawdaa marka bulsho meel deggani ay u baahato hannaan kala haga, si ay suurtagal u noqoto in ay si nabadgelyo ah ku wada noolaadaan. Sidaa darteed, Xeer-Soomaaligu wuxuu la fil yahay bulshada Soomaaliyeed, wuxuuna la kowsadey jiritaankooda.[26] Taa waxaa ka dhalanaya inuu Xeer-Soomaaligu ka horreeyey soo gaariddii Islaamka ee Geeska Afrika. Sidoo kale, xilliga xeerka lagu dhaqmayey inuu ka badnaa inta uu Islaamku ahaa hannaanka ay bulshadu isku maamusho. Sidaa darteed ayuu xeerku xididdo adag ugu yeeshay bulshada.

Aragtidan dambe waxay muujineysaa in aanay ummaddu ka wada tagin xeerkii ay ku dhaqmi jirtey Islaamka ka hor. Haddii dawlad Islaam ahi dhalato, waxaa lagu dhaqmayey shareecada Islaamka, haddii aanay jirinna waxaa dib loogu noqon jirey xeerkii jirey. Halkaa waxaa ka muuqda in ay jireen labo hannaan oo kala duwan; mid wadaad maamulayey oo uu ummadda hoggaanka u hayey oo ah xilliga Shareecada lagu dhaqmayey, iyo mid ay odayaaldhaqameed ama xeerbeegti ay bulshada garwadeen u ahaayeen, waana xilliga ay xeerka u noqdaan.

Qorayaal badani waxay qirayaan in ay yareyd in xukun sharci ah lagu fuliyo eedaysane gef galay, sida dil iyo gacan-goyn. Waxaa la xusaa goobo ay ka dheceen xukun sharci ah, sida gacan-goyn, waxaana tusaale loo soo qaataa xilli ay ka dhacday gobolka Bari. Sidoo kale, meelo kala duwan oo waddanka ka mid ah ayaa xukun dil ah laga fuliyey. Goobaha ay arrimahaasu ka dhacayeen waxay ahaayeen meelo ay culimada diintu hoggaanka hayeen, taladana looga dambeeyey. Mararka qaar waxaa dhici jirtey in qof ka mid ah dadka is hayaa uu doorto in arrinkiisa culimada loo geeyo.[27]

---

26 Su'aalo qoraal ah oo aan weyddiiyey Axmed Faarax Cali Idaajaa 23/01/2017
27 Axmed Shiikh Cali Buraale (1977).

13

Arrimahaa kor ku xusan waxaa ka soo dhex baxaya in ay jireen labo kooxood oo bulshada hoggaankeeda isku dabo marayey. Labada kooxood ee loo tiiriyo labadii nidaam ee ummadda hagayey; kii ay Shareecada Islaamku xeerka iyo sharciga u aheyd iyo nidaamkii kale ee Xeerka la dagsadey la isku xukumayey. Labada hannaan ee jirey, midka Shareecada waxaa hoggaaminayey culimada iyo dadka ehludiinka lagu magacaabo, Xeerkana waxaa buddhige u ahaa Xeerbeegtida iyo odayaaldhaqameedka, amaba Waranle.

Labo kooxood in ay jireen waxaa laga qaadan karaa qaybinta bulshada la qaybiyey ee loo kala bixiyey "Wadaad iyo Waranle." Wadaad waxaa loogu yeeraa qof kasta oo diin loo tiiriyo, Waranlena waa wixii ka soo hara. Labadaas kooxood kama marneyn loollan iyo ismaandhaaf siyaasadeed. Loollankaas wax weyn kama duwana hardankii Kaniisadda iyo Calmaaniyadda ee Yurub ka bilowdey, kaasoo dhaliyey mabda'a Calmaaniyadda iyo xeerarka kale ee dunida looga dhaqmo. Loollanka Wadaad iyo Waranle u dhexeeyey wuxuu ahaa mid af iyo addin ah, kuwaasoo bulshada saameyn weyn ku yeeshay.

In kastoo ay jireen iska-horimaadyo iyo dagaallo dhacay oo laga dheehan karo in ay labadaa kooxood u dhexeeyeen, sida iman doonta, haddana waxaa jira dagaal afeed labada kooxood dhex yaal. Ummad walba suugaanta ay leedahay ayaa laga dheehan karaa dhaqankeeda iyo hiddaheeda. Waxaa jira hadallo baxay oo muujinaya xurgufta labada kooxood ka dhexayn jirtey, ilaa haddana ka dhexaysa. Waxaa jira halhaysyo iyo hadallo wadaad loogu qusurinaayo in aanu waxtar ah aheyn. Waxaa jirta sheeko baxday oo lagu sheego in laga soo xigtey haweeney tiri, "Wadaad waa nin!" Waa oraah muujineysa in wadaad aan loo aqoonsaneyn inuu nin buuxa yahay, dhankii la doonaba ha laga liidee.

Sidoo kale, waxaa geyiga Soomaaliyeed caan ka ah in mar la isweyddiiyey ragga iyo dumarka cidda badan, laguna jawaabey, "Hadba midka wadaadka lagu daro ayaa badan." Waa oraah, sidoo kale muujinaysa liidid iyo hoosudhig wadaadka lagu hayo. Xurguftaa iyo loollankaa Wadaad iyo Waranle dhex yaalley waxaa laga la soo bixi karaa, sidii Galbeedba ka dhacday, in Xeer-Soomaaliga dejintiisu ay salka ku hayso Waranle oo Wadaad iska fogeynaya, maamulka bulshadana u degsadey nidaam iyo xeer isaga gaar u ah. Sida gadaal ku cad, Calmaaniyadda waxaa dhaliyey dagaalkii calmaaniyiinta iyo Kaniisadda dhex maray, wuxuuna xeerka Calmaaniyaddu ku yimid iyadoo Kaniisadda iyo xukunkeeda laga cararayo.

Waranluhu wuxuu ahaa ninkii dagaalyahanka ahaa oo hubka boobi jirey markii dhiillo yeerto ee reerka uu ka dhashay iyo mid kale ay diriri dhex marto. Wuxuu ahaa ninkii aan laga maarmi jirin marka reerku guddoonsado in duullaan la bixiyo ama geel la soo dhaco, haddii kooda la dhacana wax ka soo dhicin jirey. Deegaanku dhul colaadeed ayuu ahaaye, Waranluhu wuxuu ahaa ninkii ay reeruhu isku halleyn jireen oo maatada iyo maalku ay ku nabadgeli jireen ee ay dartii hurdada u ladi jireen. Maaddaama geyigu uu ahaa mid colaadeed, waxaa bulshada waxtar u ahaa ninka hubka qaada ee cadowga gaashaanka u daruura. Wadaadku wuxuu ahaa nin aqoon leh, dambina u arka inuu qof kale oo Muslim ah hubka u qaato.

Xeer-Soomaaliga oo aan la iska indho tiri karin saameynta uu bulshada ku leeyahay, gaar ahaan reer miyiga, way adag tahay in la gooyo xilliga uu bilowdey. Qolo ayaa ka dhigtay in xeerka taariikhdiisu ay ku siman tahay markii ay jabtay dawladdii Islaamka ee Adal, dibna loogu noqday miyiga, ka dib markii ay burbureen magaalooyin badan oo ay dadku deggenaayeen. Waxaa laga helay magaalooyin cammirnaan jirey oo burburay inta u dhaxeysa Harar iyo Saylac.[28] Ku dhaqanka xeerku wuxuu aad u xoogeystey intii u dhaxeysey qarnigii 16aad iyo 19aad oo ku beegan burburkii dawladdii Islaamka aheyd iyo soo bixitaankii Daraawiishta. Dhanka kale, qolo kale ayaa qabta in xeerku bulshada la socdey oo aanu Islaamku dabar jarin. Marba

---

28 Richard F. Burton (2017).

mid ayaa ku xoogeysanayey bulshada. Dooddan waxaa xoojinaya kala qaybinta bulshada loo qaybiyey Wadaad iyo Waranle, Xeer-Soomaaliguna aanu bulshada ka wada dabar-go'in, ayse kala duwaneyd saameynta uu bulshada ku leeyahay. Wuxuu Xeer-Soomaaligu dib u soo noolaaday xilligii ay burburtay dawladdii Islaamka ee Adal. Waxa kale oo uu xeerku ku sii bullaalay qabsashadii ay Orammadu waddanka qabsatey, muddana ay ka talineysey. Arrimahaasu waxay muujinayaan inuu xeerku dib u soo noqonayey mar kasta oo ay hoos u dhacdo ku dhaqanka Shareecada Islaamka.

Dhanka kale, waxaa jiri kara arrimo kala duwan oo keenay inuu Xeer-Soomaaligu waaro, bulshadana ku xidideysto. Waxaan hadda isku dayeynaa in aannu dhowr ka tilmaanno sababaha dhalin kara in Islaamku aanu xeerka dabarjarin.

Sababaha keenay in uu Xeerku waaro:

Taariikhdu waxay noo caddeysay in Islaamku Geeska Afrika soo gaarey xilligii uu Nabigu NNKA noolaa. Qaxii ay qayb Saxaabada ka mid ahi u qaxeen dhulka Xabashida ayuu Islaamku la kowsadey inuu ku faafo dhulka deegaanka Geeska Afrika. Sidaas oo ay tahay, Xeer-Soomaaligu bulshada kama harin, inkastoo goobaha qaar uu Islaamku xilli dambe gaarey, sidii aan soo xusnay, gadaalna ugu tegi doonno. Waxyaabo badan oo is biirsadey ayaa keeni kara ku dhaqanka xeerku in aanu baabbi'in. Qodobbo dhowr ah ayaan soo guurinney oo laga bixiyey sooyaalka Xeer-Soomaaliga iyo sida uu ku bilowdey. Inkastoo aanay jirin cid middi ku goysey, haddana waxaan tilmaannay aragtiyo laga bixiyey. Xeeryaqaannada qaarkood ayaa qaba in xeerkii iyo caadooyinkii ay bulshadu laheyd Islaamka ka hor aanu wada guurin, mar walbana ay bulshada ka dhex muuqdeen caadooyinkaa soo-jireenka ah. Qolo kale ayaa ku sheegtay in xeerku la bilowdey burburkii dawladdii Adal. Sida ay u adag tahay in meel loo saaro bilowgii Xeer-Soomaaliga ayey, sidoo kale, u adag tahay in la isla garto oo meel la isla dhigo sababihii keenay ama fududeeyey inuu xeerku waaro, Islaamkuna uu u tirtiri waayey.

Iyadoo la raadraacayo qoraallada kooban ee laga qoray Xeer-Soomaaliga, wixii af ahaan la isuga gudbiyey oo la kala dhaxlay iyo sidoo kale dhacdooyin, calaamado ama astaamo degellada lagu arkay, ayaan isku dayeynaa in aan wax ka tilmaanno sababaha keenay ama fududeeyey in Xeer-Soomaaligu waaro, mararka qaarkoodna uu gaaro inuu Shareecada Islaamka ka awood bato.

Qabsashadii Orommadu waxay soo noolaysay caadooyin hore

Sidii aan soo xusnayba, deegaanka Soomaalidu degto waxaa soo maray quruumo badan oo kala diin, dhaqan iyo luqad ah. Qolo walbaa dhaqankeedii iyo diinteedii qaybo ka mid ah ayey bulshadii uga dhex tagtay oo laga dhaxlay. Islaamku markii uu soo gaarey, dhaqammadaasi ma wada baabi'in, meelo badanna waa looga dhaqmayey. Aqoontii diintu markii ay yaraatay waxay keentay in dhaqankii iyo xeerarkii lagu dhaqmi jirey ay dadka ku soo duxaan oo dib loogu noqdo.

Dhanka kale, Diinta Islaamku hal mar ma wada gaarin Soomaalida, qaarkoodna aad ayey islaannimadoodu u dambeysey. Qarnigii 12aad ee Miilaaddiga bulshadii degganeyd xeebaha Soomaaliya goobo ka mid ah waxay ahaayeen Cawaan. Qarnigii 13aad, inta badan dadka xeebaha deggani waxay ahaayeen Muslimiin. Qoraallo kale ayaa caddeynaya in Islaamku u faafay kuna horreeyey dhanka Harar, maamulkii Islaamiga ahaa ee ugu horreeyeyna uu ka dhashay Shawa, qarnigii Sagaalaad ee Miilaaddiga.[29]

Qoraalladaasi waxay na tusayaan in deegaanno badan oo waddanka ka mid ah uu Islaamku gaarey goor dambe, lana dhihi karo wax weyn

29 Cabdalla Mansuur (2017).

kama horreyn halgankii Axmed Gurey. Haddii meelihii xeebaha ahaa ay sidaa ahaayeen, waxaa muuqata in miyiguna ka sii xag jirey. Ilaa hadda way muuqataa kala duwanaanta reer miyiga iyo reer magaalka, marka ay noqoto xagga aqoonta iyo ilbaxnimada.

Sidaan horey u soo xusnay, waxaa qaybo Soomaaliya ka mid ah laga helay astaamo muujinaya in ay Orommadu deegaan ballaaran oo Soomaaliya ka mid ah ay muddo xukumeysey. Waxaa lagu arkay burburka sanam ay Orommadu caabudi jirtey iyo haraaga magaalooyin iyo qalcado lagu sheegay in ay xarun u aheyd boqorro Oromo ah, qiyaastii qarnigii 16aad ama 17aad.[30] Aqoon la'aantaa diineed iyadoo ay jirto ayaa qabsashadii Orommadu waxay fududeysay in caadooyin Islaamku tirtiray ay soo noolaadaan. Sidoo kale, dhaqankoodii aan diinta ku dhisneyn ee cawaanta ahaa ayey bulshada ku faafiyeen. Mar haddii Soomaalida iyo Orommadu ay isku dhaqan dhawaayeen, si fudud ayey bulshadu ku qaadatay. Ummad Muslim aheyd oo muddo dheer ay cawaani xukumeysey waa la qiyaasi karaa dhaawaca diineed ee ku iman kara. Waxay bulshadii ka dhowreen dadkii waxgalka ahaa, sida culimadii iyo cuqaashii. Inkastoo aanay dadka diintu ka wada guurin, haddana suurtogal uma ahayn in ay diinta ku dhaqmaan.

Sida ay xeeryaqaannada qaar ku doodaan, deegaammadii Orommadu haysatey markii laga kiciyey ayey dadkii bilaabeen in ay degsadaan xeer iyo sharci ay isku maamulaan.[31] Arrinkaasu wuxuu muujinayaa in aanay bulshadu helin culimo la wareegta xilkii. Waxaa yaraaday ama dhammaaday dadkii diinta aqoonta u lahaa, dadkiina waxay u baahdeen in ay helaan nidaam kala haga. Waxay noqotay lamahuraan in ay sameystaan sharci ay isku maamulaan. Mar haddii aanay culimmo jirin, waxaa xeerkii loo dooray in ay dajiyaan raggii caqliga iyo garashada lagu tuhmayey. Raggaas xeerbeegtida ahi waxay wax ku saleeyeen qaabkii iyo maamulkii Orommada ee ay muddada ku

---

30 Richard F. Burton (2017).
31 Cabdalla Xaaji Cusmaan Ceeleeye (2010).

hoos noolaayeen. Waxay diyaariyeen xeer lagu dhaqmo, isuguna jira dhaqankii iyo xeerarkii hore, kii Orommada iyo intii ay ka garan kareen, sida Xeer-Soomaaliga ka muuqata, qodobbo ay diinta ka soo qaateen.

Ummadda oo aan helin baahibeel dhanka diinta ah

Geeska Afrika wuxuu xiriir fog la lahaa Jasiiradda Carabta, gaar ahaan Yaman, waxayna ahaayeen dadkii ugu horreeyey oo Geeska Afrika u soo hayaama. Hayaankaa iyo geeddigaasu wuxuu sii kordhay Islaamka ka dib. Qaxaasu dano siyaasadeed iyo kuwo ganacsi ha wato e, waxaan ka marneyn mid diineed. Si fudud ayuu Islaamku ugu faafay, waxaana abuurmay goobo waxbarasho iyo maamullo Islaami ah. Goobahaas waxbarasho waxay soo saareen culimmo waaweyn oo qaarkood caan ka noqday dhulka Muslimiinta, gaar ahaan culimmadii Sayliciyiinta iyo Jabartiyiinta ee qarniyadii 7[aad] iyo 8[aad] ee Hijriga.[32]

Dawladdii Adal markii ay tabar darreysay, waxaa waddanka soo galay dariiqooyinkii suufiyada, gaar ahaan Dariiqada Qaaddiriyada. Dariiqadani waxay waddanka ka soo gashay dhanka Yaman, qofkii ugu horreeyey oo keenana wuxuu ahaa wadaad Asharaaf ah oo la oran jirey Abuubakar Bin Cabdalla Alcayduruusi. Wadaadku wuxuu Harar yimid qarnigii 15[aad] ee Miilaaddiga oo ku aaddan markii uu bilowday jabkii dawladdii Islaamka ahayd ee Adal ee ay Harar magaalamadaxda u ahayd. Dariiqada Qaadiriyaddu waa midda ugu faca weyn ee Soomaaliya soo gaarta.[33] Qarnigii 16aad oo ay Orommadu dhulkii Muslimiinta duullaan ku soo qaadday, maamulkii Islaamiga ahaa ee ay Harar xarunta u aheydna si qumman u burburay, dhulkii wuxuu galay burbur iyo is-dhex-yaac. Waxaa abuurmay goobo iyo kooxo aragti siyaasadeed iyo mid diineed oo iska soo horjeeda leh. Xilligaa

---

32 Mohammed Hussein Moallim Ali (2011).
33 Cabdalla Mansuur (2017).

ayey dariiqada suufiyadu bilowdey inay faafto, waxaana soo baxay dariiqooyin kala duwan.[34]

Dariiqada suufiyadu qayb libaax ayey ka qaadatay fidinta diinta, iyagoo u mari jirey dugsiyadii Quraanka iyo goobaha loo xereysan jirey oo inta badan lagu baran jirey Fiqiga iyo afka Carabiga. Manhajka fidinta diinta ee Suufiyadu wuxuu ku dhisnaa suhdi iyo la dagaallanka nafta iyo shaydaanka, intiisa badanina ku kooban cibaado gaar ah iyo akhlaaqiyaad u badan xiriirka ka dhexeeya shiikha iyo xertiisa. Ma jirin qorshe iyo siyaasad ku aaddan hoggaanka iyo maamulka bulshada, in kastoo goobaha qaar ay wadaaddo farakutiris ah kaalin ku yeesheen maamulka bulshada.[35] Aragtida suufiyada, Islaamku wuxuu u qaybsan yahay wax muuqda (daahir) iyo wax qarsoon (baadin) ama shareeco iyo xaqiiqo oo ay uga jeedaan inuu jiro cilmi muuqda oo ah midka shareecada oo ummadda u dhexeeya iyo mid qarsoon oo koox gaar ah loo gaar yeelay. Aragtidaas ayey suufiyadu ku mashquuleen, waxaana ka dhashay in xukun kasta oo ay Shareecadu si cad u sheegto ay ka feerjeexaan mid cilmi-baadinku muujinayo. Sidaa darteed, haddii gaaladu dhulka muslimiinta ku soo duusho oo ay dawladdii Muslimiinta burburiso, iyaga dawladdoodii baadinku ama qarsooneyd way u dhisan tahay, xukun calmaani ah haddii ummadda lagu xukumana, waxay hoos galaan xukunkii dhaqanka iyo dariiqada, heesaha iyo muusikadu marka ay faafaanna, wuxuu tuntaa durbaan iyo xatro.[36]

Iyada oo aan la inkiri karin kaalintii ay Dariiqadu ku laheyd fidinta diinta, haddana marka la barbardhigo culimadii ka horreysey wax weyn ayaa u dhexeeyey; marka laga eego dhanka aqoonta, manhajka iyo fidinta diinta. Culimmadii hore waxay ahaayeen kuwo aqoontooda diineed ay aad u sarreysey, cilmigana u xereystay oo culimmo waaweyn

---

34 Xasam Maki M Xasan (1990).
35 Cabdiraxmaan Cabdullaahi Baadiyow (2017a).
36 Xasam Maki M Xasan (1990).

oo dhulka Muslimiinta laga yaqaanney aqoonta ka qaatay, iyaguna
culimmo waaweyn soo saaray. Waxaa ka mid ahaa kuwii iyaga cilmiga ka
qaatay Xaafid Addahabi iyo Ibnu Xajar Alcasqalaani. Qaarkood kutub
badan ayey qoreen sida Jamaaluddiin AL-Saylici, qoraaga kitaabka
Nasbu Al-raayatu fii Takhriiju Al-hidaayah.[37] Kala duwananaantaa
u dhaxeysey culimmadii hore iyo dariiqada Qaaddiriyadu waxay
saameyn ku yeelatay aqoontii ay bulshadu diinta u lahayd iyo xiriirkii
iyaga iyo culimada u dhexeeyey. Is-uruurintaa uu wadaadku bulshada
iska soocay, waxay keentay in xiriirkii wadaadka iyo bulshadu uu
hoos u dhaco.

Dhanka kale, wadaadkii wuxuu noqday ruux noloshiisu ku xiran
tahay bulshada, kuna nool deeqda iyo xoolaha bulshadu ugu deeqdo.
Wuxuu ku tirsanaa dadka saboolka ah ee mar walba dadku u xilqabo,
in kastoo ay jireen qaar hanti iyo xoolo leh. Arrinkaas ayaa wuxuu
keenay in aanu wadaad hoggaanka bulshada qayb ka noqon, uuna
noqdo ruux ku hoos nool taladii iyo hoggaankii guurtida. Qaybtiisu
waxay aheyd inuu ku duceeyo ama barakeeyo talada iyo go'aanka
Waranlaha.[38]

Aragtidaa ah in adduunyada laga fogaado waxay sababtay in ay
hawlihii adduunyada dayacaan, bulshadiina ay ka dhex baxaan. Waxay
gabeen in ay wax tabcadaan, si ay uga baxaan baahida ay bulshada
u qabaan, taasina waxay keentay in aanay bulshadu tixgelin siin,
markii arrimo bulshada ku saabsan laga hadlayana aan talada lagu
darsan. Ka gaabintaa hoggaaminta bulshada waxay keentay in taladii
ay si qummaati ah gacanta ugu gasho odayaashii iyo hoggaamiye-
dhaqameedkii, amaba Waranle.

Waxaa ka sii daray oo xilliyadii dambe soo baxay qolo magaca Suufiyada
wadata oo aan aqoon diineed laheyd, bulshadana culimmo isaga dhiga,

---

37 Mohammed Hussein Moallim Ali (2011).
38 I M Lewis (1998).

kuwaa oo ka leexday jidkii suufiyadii hore. Si ay bulshada u hantaan, waxay diinta ku soo kordhiyeen waxyaabo aan diinta sal ku laheyn, waxayna u badan yihiin kuwo jin la shaqeysta. Waxyaabaha keenay in ay Calmaaniyaddu Yurub ka dhalato waxaa ka mid ahaa khuraafadii iyo waxyaabihii beenta ahaa ee ay wadaaddada kaniisaddu Diinta Kiristanka ku soo dareen.[39] Sidaa si la mid ah, waxaa suurtagal ah in waxyaabaha kutirikuteenta ah ee diinta lagu soo daray, Islaamkuna u yaqaan `bidco', ay gacan weyn ka qaateen in Xeer-Soomaaligu uu bulshada ku xidideysto, bulshaduna diinta ka fogaato, diinta iyo aqoonyahanka diintuna aanay bulshada dhexdeeda tixgelin weyn ku yeelan.

Hab-dhaqankaa iyo siyaasaddii Dariiqada Suufiyada, gaar ahaan qolooyinkaa gadaal ka soo baxay, waxay sii xoogeysey ku dhaqankii xeerka, diintiina waxay ku koobantay cibaado ka dhaxeysa Alle iyo qofka iyo in la barakeysto oo la isku tufo. Sidoo kale, fidintii diintu waxay ku ururtay goobaha loo xeraysto iyo masaajidda. Aw Jaamac, isagoo ka hadlaya deegaankii uu Sayid Maxammed ku korey, wuxuu sheegay in deegaankaasu aanu masaajid iyo madaaris toona laheyn, laakiin ay jireen goobo ay xeri deggeneyd iyo dugsiyo Quraanka lagu barto. Waxaa jiri jirey xilliyo la isku yimaado, sida labada ciidood, dadkuna fursad ay u heli jireen in ay culimada ka dhageystaan wixii wacdi iyo wax u sheeg ah.[40]

Mar haddii aanu dhulku masaajid laheyn, Jimce iyo jameeco la oogaa ma jirin. Dhanka kale, deegaanka uu Sayidku ku korey waxaa lagu tilmaamaa meelaha dhulka Soomaaliya ugu roonaa dhanka aqoonta Diinta. Haddii goobihii aqoonta lagu tuhmayey ay sidaa ahaayeen, dhulka intiisa kalena wuu ka sii liitey. Bil-ka-bil oo ah xilliyada ciidaha ayaa laga yaabi jirey dadku in ay culimo arkaan, markaana kama kororsan jirin waxaan ereyo wacdi ah aheyn. Sidaas oo kale

---

39 Yuusuf Qardaawi (1407H), Safar Xawaali (1402H).
40 Aw Jaamac Cumar Ciise (1976).

22

ayey nimankaa culimo-lamoodka ahi sababeen in ay dadka diinta ka
fogeeyaan, xeerkuna uu bulshada ku xidideysto.

Ma jirin, ama way yareyd, in la helo culimmo inta safar gasha dadka
dhex gasha, diintana ku faafisa, ama u istaagta in ay dadka diinta
ugu yeeraan, xumaantana uga digaan. Is kaba daaye, mararka qaar
waxaa dhici jirtey in ay ka gaabiyaan in ay dadka ka reebaan xumaan
agtooda lagu falayo.

Waxay ku dhowaatey in aanay diintu saameyn weyn ku yeelan bulshada
oo ay noqoto uun wax afka laga sheegto. Aan soo bandhigo su'aal
la weyddiiyey Shiikh Maxammed Haaddi (Allaah ha u naxariistee).[41]
Waxaa la weyddiiyey sababta keentay in ay bulshadu la yaabto wadaad
inta dadka ka dhex istaaga wax u sheega, uguna yeera ku dhaqanka
diinta, xumaantana uga diga?

Shiikhu wuxuu ka sheekeeyey qiso uu goobjoog u ahaa oo ka dhacday
meel uu ka xeraysan jirey. Sheekadu waxay si cad u muujineysaa oo
ay daaweyneysaa sababta keenta in dadku ka boodaan marka loo
sheego ama lagu yiraahdo, "waxan aad falaysaa waa xaraan!" uguna
doodaan, "intaa culimmo ayaan dhex joogay, waxaad sheegeysana
kama aannan maqal e, xaggee ka keenteen diintan cusub!"

Shiikhu wuxuu yiri, "Wiil dhallinyaro ah oo ka mid ahaa xertii xerada
joogtey ayaa wuxuu la kulmay nin oday ah oo rati u raran yahay, kuna
sita shammiito iyo qalab wax lagu dhiso. Wuxuu weyddiiyey halka uu
rarka u wado, wuxuuna u sheegay inuu rabo inuu soo dhiso qabrigii
aabbihi oo ooddii lagu wareejiyey ay burburtay. Wiilkii wuxuu u
sheegay odaygii in aanay bannaaneyn in qabriga la dhiso. Odaygii oo
wiilka la yaabban ayaa weyddiiyey halka uu ka maqlay arrinkaa. Nin

---

41 Waxaan ka mid ahaa ardaydaa shiikha su'aasha weyddiiyey, wuxuuna
kitaab noogu akhrin jirin masjidka Abuu Bakar ee magaalada Nayroobi,
sannadkii 1996.

yar ayuu ahaaye, inta baqay ayuu iska aamusay, odaygiina hawshiisii
ayuu sii watay.

Markii uu soo bogey dhismihii ayuu u tagey nin ay ilmo'adeer
ahaayeen oo uu isagu wax soo baray, kana mid ahaa ragga wax ka
bartay xerada, cilmi fiicanna lahaa. Arrinkii isaga iyo wiilkii dhex
marey ayuu uga sheekeeyey, wadaadkiina wuxuu ugu jawaabey inuu
wiilku qummanaa. Odaygii oo ay jawaabtii ka daadegi la'dahay ayaa
wadaadkii ku celiyey waxa uu ugu sheegi waayey isagoo ogaa inuu
dembi ku jiro. Wadaadkii oo aan is lurin ayaa, si fududeysi ku jiro,
yiri, "Waan ogaa inaad qabriga dhisayso, laakiin haddii aan kuu
sheego inaadan yeeleyn ayaan ogaa." Ninkii odayga ahaa intuu is-
madax-marey ayuu toorrey u xirneyd iska soo gooyey, wadaadkiina
kula boodey. Wadaadkii cagaha ayuu wax ka dayey, iyadoo la is
eryanoyana waxaa la isula galay shiikhii xerada. Markii la kala qabtay
ayaa odaygii la weyddiiyey waxa ku dhaliyey inuu wadaadka toorri
ku eryado. Odaygii wuxuu isku difaacey, "Ninkii aan intaa ku
dhimanayey oo aan wax baray, kuna tiir iyo tacab beelay, haddii
uu maanta anigoo ku jira dambi uu og yahay igu dhowranayey ma
aakhiro ayuu dhinaca ii gelayaa!"

Qisadu waxay na tuseysaa halka gaabinta ama ismaandhaafku ka yimid.
Waxay dadku arki jireen wadaaddo aan arrimohooda soo faragashan,
kuna kooban goobaha cibaadada. Waa midda keentay in caamadu is
weyddiiyaan, "culimmo markii wax la weyddiiyo ka jawaabta ayaan
arki jirnaye, maxay ahaayeen kuwan cusub oo diinta dadka sanka ka
gelinaya!" Waa qiso na tuseysa sababta ay aqoonta diintu dadka ugu
yaraatay, kuna keentay in ay xeer maciinsadaan. Sidoo kale, waxay na
dareensiineysaa sababta ay dhaqankii iyo xeerkii gacan-ku-sameyska
ahaa ay sharcigii Alle u qariyeen, kana awood roonaadeen Shareecadii
Islaamka. Waxay gaartey in caadada iyo dhaqanka laga dhigo wax
diin ah oo haddii laga tago Alle uu ummadda u caroonayo. Waa
iyada lagu maahmaaho, "Caado laga tago, caro Alle ayey leedahay."

Dhanka kale, waxaa goobtaa ay culimmadii banneeyeen ka faa'iideystey kuwo culimmo-la-mood ah, dadkana majaro habaabiyey. Kuwo dadka culimmo isaga dhiga, culummase aan aheyn ayaa buuxiyey booskii bannaanaa. Kuwo Shaydaammada iyo Jinka la shaqeysta, dadkana isaga dhigay in ay awliyo karaameysan yihiin.

Saddex nin oo aan ka mid ahaa ayaa magaalada Addis Ababa ku booqdey Shiikh Aadan Shiikh Cabdullaahi (Allaah ha u naxariistee), sannadkii 1994. Nin naga mid ahaa ayaa shiikha weyddiiyey sababta aanay diintu si wanaagsan dadka ugu fidin, iyadoo culimmo wax taqaanna ay jirtey, ay ummaddu diinteeda aqoon ugu laheyn. Shiikhu sababo dhowr ah ayuu noo sheegay, waxaase xusid mudan in uu tilmaamay in culimmadii aqoonta diinta u lahayd ay yaraayeen. Sidoo kale, waxaa aad u yaraa in culimmadaasi ay dadka saameyn weyn ku yeeshaan. Inta ay dadka dhex galaan wax uma sheegi jirin e, markii masalo la weyddiiyo ayuun bay ka jawaabi jireen.

Shiikhu wuxuu nooga sheekeeyey qiso ka dhacday gobolka Gedo. Wuxuu yiri, "Anigoo Baardheere ka imid, halkaas oo aan diinta ka baran jirey, ayaan reerkayaga oo baaddiyaha deggenaa soo aadey. Aabbahay, Shiikh Cabdullaahi, nin aqoon diineed leh ayuu ahaa. Goor galabgaab ah ayaan aniga iyo aabbahay fariisannay gogol taalley hoosgalabeedka guriga aabbahay. Waxaan ugu imid inaan ka dhaadhiciyo in aan Xamar cilmi u doonto, isaguna wuxuu qabey in aan Baardheere sii joogo. Annagoon weli meel isku raacin ayaa waxaa dhegehayga ku soo duulay sharqan. Dhegta ayaan la raacay, waxaanan ogaadey in ay Digri-salaan tahay. Qolo dadku culimmo u yaqaanneen, aniguse aanan u qabin, caadana u lahaa markay reero ku yimaadaan in ay qaadaan waxay ku magacaabaan "Digri-salaan" ayey ahaayeen. Ilaa loo tago halkooda kama soo dhaqaaqaan.

Cabbaar markii ay nimankii meeshii ka digrinayeen, cid u dhaqaaqdeyna aanay jirin, ayaa dumarkii iyo dadkii reeraha joogey dhankii aan fadhiney la soo wada fiiriyey. Waxaa la sugayaa in aabbahay amar bixiyo.

Qorraxdii dhacday, salaaddii Maqribna soo gashay, aabbahayna wuxuu i amray in aan addimo. Waxaan aabbahay weyddiiyey inuu digriga maqlayo iyo in kale, madaxa ayuuna iigu tilmaamay inuu maqlayo. Salaaddii iyo sunnaheediiba tukanney, nimankiina halkii ayey weli ka digrinayeen. Anigoo la yaabban waxa aabbahay nimanka cid ugu diri la'yahay ayuu inta isoo jalleecay i weyddiiyey in ay nimanku tukadeen iyo in kale. Hal mar ayaan cajaladdii xusuusta dib u celiyey, waxaana ii soo baxday in aanay tukan. Xoogaa inta aabbahay aamusnaa ayuu igu yiri, "Orod u tagoo meel fariisi, neefna ha loo qalo."

Anigoo ay wax weyn igu dhalisey su'aashii aabbahay ayaan sameeyey sidii la i faray, xertiina la martisooray. Raggaas ayey dadku culimmo u yaqaanneen, wax aqoon ah oo ay lahaayeenna ma jirin."

Danta shiikhu waxay ahayd in uu wiilkiisa dareensiiyo nimankaa diin-xumadooda. Nin aan tukan in aanu diin sheegan karin ayuu tusayey. Dhanka kale, shiikhu nooma muujin in Shiikh Cabdullaahi, shiikha aabbihi, uu nimankii inta u tagey wacdiyey, waxna u sheegay.

Qisadu labo arrimood ayey na tuseysaa, waana labo arrimood oo saldhig u ah sababta aanay diintu si wanaagsan ugu fidin bulshada, aqoonta ay u leeyihiinna ay u yar tahay iyo sababta ay bulshada ugu badatay quraafaadka iyo waxyaabaha aan diinta salka ku lahayn. Midda hore, dadka culimmada loo yaqaanney ee dadka dhex goosha waxay ahaayeen kuwo aan aqoon lahayn, sheegashaduna ay ahayd in ay ku qaraabtaan diinta. Sheekooyin badan oo la iska wariyo ayaa caddeynaya aqoonyarida duulkaa.

Shiikh Maxammuud Shibli ayaan isagana ka dhageystey qiso uu goobjoog u ahaa, wuxuuna ku sheegay isagoo akhrinaya kitaabka *Cumdatu Saalik*, baabka *Salaatu Jamaaca*.

"Nin Calanle la dhihi jirey oo xer badan wata ayaa goor duhurkii ah annagoo *Minhaajka* raacaneyna na soo dul degey. Wuxuu yiri,

26

"Ma idinkaa yiri salaad farad ah iyo sunno ayaa la isku xiran karaa?" Markaasaan ku niri, "Haa." Ninkii wuxuu yiri, "Maanta meesha ay ku taallo ayaan idinka rabaa." Nin ayaa maqan oo dangudasho iyo weyso u baxay. Annagoo kitaabkii ka raadineyna ayuu ninkii soo noqday. Intuu ninkii fiiriyey ayuu nagu yiri, «War kitaabka ii dhiiba!» *Kitaabu Beyc* bartankiisa ayuu inta u soo bixiyey ku yiri, «Waa tan.» Intuu sidaa u fiiriyey ayuu yiri, "Khayr Allaha idin siiyo, waad iga jaahil bixiseen." Illeyn wadaadka xerta wata ee duubka weyn ee masalada nagu haysta waxna ma akhriyo waxna ma qoro! Wuu naga tagey. Intaan is fiirinney ayaan ninkii weyddiinney inuu wadaadka yaqaanney. «Ma aqoonnine, indhihiisa markaan arkay ayaan gartay in aanu waxba garaneyn» ayuu ku jawaabey.

Arrinka labaad ee sheekadii Shiikh Aadan na tusayso, culimmada diinta aqoonta u laheyd way tiro yareyd, waxayna ku koobnaayeen masaajidda iyo goobaha wax laga barto. Qolooyinka shacabka dhex gala ee xiriirka la leh waxay ahaayeen qoladaa aan aqoonta laheyn. Sida aan ka qaadaneyno saddexda dhacdo ee Shiikh Maxammed Haaddi, Shiikh Aadan Shiikh C/llaahi iyo Shiikh Maxammuud Shibli, culimadii xilligaa joogtey waxay gabeen in ay dadka uga digaan qoladaa lumineysey. Ka aammuskaasu wuxuu dheliyey in ay dadku u qaataan in ay culimmo yihiin oo ku qancaan, diintana wax ka weyddiiyaan. Qaarkood waxay gaareen in ay sheegtaan awliyannimo iyo karaamooyin been ah.

Qaabkii fidinta diinta ee suufiyadu, haba ahaado mid aan ku guuleysan inuu bulshada gaarsiiyo in ay Xeer-Soomaaliga ka tagaan oo ay Shareecada ku dhaqmaan, haddana waxaan la duudsiyi karin in ay kaalin aad u muuqata ku lahaayeen fidinta diinta. Waxaa la dhihi karaa waxay sabab u ahaayeen in aanay bulshadu Islaannimada ka tegin. Dhanka kale, waxaa qarnigii 19[aad] soo baxay dhaqdhaqaaq isbeddel doon ah oo ay wadaaddo hoggaaminayeen, aanse ku abtirsan dariiqada suufiyada. Qaybo ka mid ah gobollada Bari, Mudug iyo qaybo ka mid dhanka Koonfureed ayey ka aasaaseen xarumo waxbarasho. Wuxuu ahaa dhaqdhaqaaq ka duwan kii suufiyada, hadafkooduna ahaa in ay talada la wareegaan oo ay dhisaan dawlad dadka ku maamusha Shareecada Islaamka. waxay ahaayeen culimmo wata qorshe ku duwan kii Suufiyada oo ku xirnaa Gacanka Carabta, laguna sheegi jirey in ay ahaayeen culimmo rabta in ay faafiyaan manhajkii salafka. Kacdoonnadaasi ma hano qaadin isku dhac iyaga iyo maammulladii dhulkaa ka jirey darteed.[42]

Hardankii Wadaad iyo Waranle

Xeerbeegtida, waranle, iyo wadaaddaduba kaalin weyn ayey ku lahaayeen arrimaha bulshada, qolo walbana kaalinteedu way caddeyd. Waranle ama odayaal-dhaqameedka hawshoodu waxay aheyd maamulka iyo hoggaanka bulshada, xallinta iyo heshiisiinta wixii dhib ah ee bulshada ka dhex dhaca. Sidoo kale, matalidda iyo dejinta nidaamka iyo hannaanka reerku ku dhaqmayo. Wadaadka hawshiisu waxay ku koobneyd dhanka waxbarashada arrimaha diinta iyo qaybo ka mid ah arrimaha qoyska, sida guurka. Gumeysigu markii uu yimid wuxuu wiiqay awooddii odayaasha, wuxuuna faragelin ku sameeyey qaabkii bulshadu ku xulan jirtey odayaasha, arrinkaas oo u sahlay inuu doorto odayaal gacansaar la leh, ka dibna uu mushaar u qoray, si ay danihiisa ugu fuliyaan. Dhanka kale, garsoorkii iyo maxkamadihiiba waxay gacanta u galeen gumeysiga, Xeer-Soomaaligiina wuxuu noqday mid ku dhaqankiisu uu yaraaday.[43]

In kastoo marooqsigaas uu gumeysigu taladii ummadda ku faro geliyey uu dareen dhaliyey, haddana ma soo if bixin isbahaysi wadaad iyo waranle ah oo gumeysiga looga soo horjeedo. Waxaa la soo gaarey xilligii Daraawiishtu ka hanaqaaddey geyiga Soomaalida. Daraawiishta waxaa aasaasey Sayid Maxammed Cabdille Xasan oo ahaa nin Wadaad ah, kana mid ahaa dariiqadii Saalixayadda iyo wadaaddo

42 Cabdiraxmaan Cabdullaahi Baadiyow (2017a).
43 Cabdiraxmaan Cabdullaahi Baadiyow (2017b).

kale oo ay asxaab ahaayeen. Maamulkii, garsoorkii, waxbarashadii iyo hoggaamintii dagaalkaba inta badan waxaa hormuud u noqday rag wadaaddo ah. Arrinkaasu wuxuu bulshadii ku noqday waxay la yaabaan oo aanay arki jirin. Waxay u arkeen in ay culimadii faraha la gashay waxaan lagu aqoon iyo dagaal, kana weecdeen fidintii diinta iyo dadka oo ay diinta baraan. Way caddeyd inuu Sayid Maxammed baal maray jidkii dariiqada Suufiyada lagu yaqaanney oo Jihaad iyo ummadda oo la hoggaamiyo aanay qorshaha ugu jirin.

Waa sida haddaba joogtee, markii Daraawiishi soo baxdey, waxaa billaammay hadalhaynta arrinkaa iyo in la isweyddiiyo in la arki jirey wadaad duullaan hor kacaya, ummaddana maamulaya! Maansooyin ayaa laga tiriyey lagu muujinayo arrimahan ugub ee bulshadii ka yaabiyey. Sannadkii 1900 ayey Daraawiishtu duullaan ku bixisey beelo lagu tuhmey in ay Ingiriiska xiriir la lahaayeen. Geel gaaraya ilaa 2000 oo halaad ayaa reerihii laga soo qaadey, ciidankana waxaa hoggaaminayey nin shiikh ah oo la oran jirey Shariif Cabdille Shariif Cumar. Nin gabyaa ahaa ayaa loogu warramey in ay Daraawiishi bixisey col uu hoggaminayo wadaad u dhashay Asharaaf. Isagoo la yaabban colka geela soo dhacay oo uu wadaadku hoggaaminayo ayuu geeraar ka tiriyey, wuxuuna yiri:

Col Sharaafi waceysiyo,
Caalin reero dhacaaya,
Cilmi geel lagu qaadi,
Sayidkii calmanaayow,
Cimri yuu ku simaayoo,
Ciribteeda ogaada![44]

Sidoo kale, Waxaa jirey gabyaa kale oo isaguna gabay ka tiriyey falaadkan cusub ee ay daraawiishi la timid. Wuxuu ahaa nin arki jirey wadaad inta meel xer ka oota dadka diinta bara; wadaad la

44 Aw Jaamac Cumar Ciise (1976).

karaameeyo, laga duceysto, markii muuqiisa la arkana ay dadka ku soo dhacdo neefkii loo loogi lahaa iyo midkii uu xarigga ku sii ridan lahaa kolka uu reerka ka ambabaxayo. Wadaad aan talo rag loogu yeerin, reerahana ay guurti odayaal ahi u taliyaan ayuu ku hanoqaadey. Wadaaddo hubeysan oo dhan walba weerar ku ballaarinaya oo col ku bixinaya ayuu arkay. Wuxuu yiri:

Waa tii wadaad reer u yimid waanin jirey jeere
Waa tii waxyeelladi aheyd wan ay u loogaane
Wadeeca Alle diintii haddaa weerar loo rogaye![45]

Maansadaasi waxay muujineysaa in xilliga ay bilaabantay in wadaad lagu la yaabo in uu hub qaado aanay dhoweyn. Xilligii la doonaba ha lagu sheego xeerka bilowgiisa oo ha lagu sheego inuu bilowdey burburkii dawladdii Islaamka ee Harar ka dib, amaba laga dhigo wax weligii bulshada la socdey e, waxaa muuqata sida xeerku ugu xidideystay bulshada.

Dagaallo badan oo ka dhex dhacay Soomaalida, gaar ahaan Daraawiishtii iyo qabiilooyin Soomaaliyeed, waxay salka ku hayeen xukun-ilaashasho; sida, dagaalkii Boqor Cismaan iyo Maxumuud Cali Shire ay si wada jir ah Daraawiish ugu soo qaadeen. Waxa kale oo aan tusaale u soo qaadan karnaa isku-dhicii Sayidka iyo Garaad Maxammuud oo xilligii Daraawiishta Garaad ka ahaa deegaanka Nugaal. Garaadka waxaa loogu yeeray inuu dariiqada soo galo oo uu jihaadka ka qayb qaato, taladaana Garaadku wuu ka biyo diidey. Wuxuu ku doodey inuu wadaadku, waa Sayidkee, ku koobnaado arrimaha diinta, laakiin talada reerka iyo deegaanka Nugaal dadka deggen uu faraha kala baxo. Arrinkaa waa la isku maandhaafay, waxayna keentay in Garaadku waraaqo uu kaalmo hub iyo ciidan ku weyddiisanayo uu u kala diro Boqor Cismaan iyo Ingiriiska. Arrinkaa markii uu Sayidku ogaadey, waxaa Garaadkii lagu xukumey inuu

---

45 Axmed F. C. Idaajaa (2017).

jihaadka ka soo horjeedo, gaalada uu xiriir la leeyahay, kuna taageerey la dagaallanka Diinta iyo Daraawiish. Xukunkiisu wuxuu noqdey dil, waana la diley.[46] Waxaa halkaa isku hardiyey labadii hannaan ee Wadaad iyo Waranle.

Isku-dhacaa waxaa sabab u ahaa talada oo la isku qabsaday. Garaadku wuxuu qabey oo uu arki jirey in ay reerka u taliyaan guurti odayaal ah oo xeer ay ku dhaqmaan leh, wadaadkana loogu noqon jirey wixii masalo diineed ah ee loo baahdo. Sayidku wuxuu qabey in talada iyo hoggaaminta ay culimmada iyo dadka ehlu-diinka ahi leeyihiin, dadka intiisa kalena ay uga dambeeyaan. Arrinkaa Sayidku wuxuu ka soo kororsadey socdaalladiisii uu ku tagey Maka, taas oo uu ka soo siyaadsadey aqoon iyo ilbaxnimo. Waxaa xilligaa jirey kacdoon xoog leh oo looga soo horjeedey gumeysigii reer Yurub, dhaqdhaqaaqyadaana waxaa hoggaaminayey rag diinta aqoon u leh, sida Mahdigii Suudaan iyo Cumar Mukhtaar oo Liibiya ka dagaallamayey.

Sida taariikhdu na bareyso, isku-dhaca Wadaad iyo Waranle wuu ka facweyn yahay Daraawiishtii. Qornigii 19[aad] waxaa soo ifbaxay dhaqdhaqaaq ay hoggaaminayeen culimmo isbeddel doon ah, culimaddii hormoodka ka ahaana uu ka mid ahaa Shiikh Cali Majeerteen. Wuxuu xarun ka aasaasay Marka, isagoo dantiisu aheyd inuu dawlad Islaam ah halkaa ka yagleelo. Sidaas oo kale, ayaa dhaqdhaqaaqaas oo kale uga bilowdey Baardheere, kuna faafay dhanka Bay iyo Bakool. Kacdoonkaa waxaa si adag uga hor yimid qabiilooyinkii dhulkaa deggenaa, waxayna keentay in qabiilooyinkaa gadoodey iyo Saldanadii Geledi ee Afgooye oo iskaashanaya ay weerar xoog leh ku qaadaan xarumihii dhaqdhaqaaqaasu ka socdey. Dagaalladaasu waxay keeneen in xarumahaasu burburaan.[47]

---

46 Aw Jaamac Cumar Ciise (1976).
47 Cabdiraxmaan Cabdullaahi Baadiyow (2017a).

Dhaqdhaqaaqaa Baardheere ka aasaasmay oo loo yaqaanney *Jameeco* waxaa loogu dawgalay labo arrimood: Midda hore, waxay dadka ugu yeerayeen diinta in ay ku dhaqmaan, xumaantana ka dheeraadaan. Waxay dumarka fareen in ay jirkooda qariyaan, waxay mamnuuceen ciyaarihii dhaqanka ee ragga iyo dumarku isku dhex jireen, cunidda tubaakadana way joojiyeen. Arrinka kale ee lagu la dagaallamay wuxuu ahaa, waxay joojiyeen ka ganacsigii foolka maroodiga iyo wiyisha.[48]

Labadaa arrimood, mid waxay ka soo hor jeedday dhaqankii iyo xeerkii bulshada. Jameecadu waxay dadka ugu yeereysey in ay diinta ku dhaqmaan, arrinkaana wuxuu cabsi ku abuuray odayaashii qabiilka iyo Saldanadii Geledi oo u arkay in dhaqdhaqaaqaasu uu halis ku yahay. Arrinka labaad ee joojinta foolasha maroodiga iyo wiyishu wuxuu saameyn weyn ku yeeshay ganacsigii deegaanka oo aad ugu xirnaa ka ganacsiga foolka. Labadaa arrimood ee dhanka siyaasadda iyo ganacsiga ah waxay kulmiyeen Saldanadii Geledi iyo odayaashii qabiilka, waxayna abuureen gaashaanbuur. Waxay ku guuleysteen in ay cagta mariyaan goobihii diinta lagu baranayey, iftiinkii dacwo uu damo, dhaqdhaqaaqii diineedna uu hakado.

Gumeysigii iyo Mabda'iisii Calmaaniyadda

Waxaa arrinkaa sii xoogeeyey gumeystayaashii reer Yurub ee waddanka qabsadey. Xilligii ay waddanka qaybsadeen wuxuu la waqti ahaa markii aragtida Calmaaniyaddu ay mareysey halkii ugu sarreysey. Waxay u yimaadeen bulsho leh xeer ay ku dhaqanto, diinta ku cibaadeysta uun, culimmaduna ay ku kooban tahay masaajidda iyo xarumaha diinta lagu barto. Waxay arkeen wax u eg sidii ay ku yaqiinneen culimadooda kaniisadda ku koobnaa, maamulna aan faraha la soo gelin. Arrinkaasu wuxuu u fududeeyey in ay si sahlan dadka ugu faafiyaan aragtidii ahayd in diinta iyo maamulka la kala duwo.

---

48 Virginia L. (2002).

Gumeysigu wuxuu adeegsadey tabo badan oo uu culimmada uga fogeynayo maamulka, wuxuuna lahaa khibrad uu qorshahaa ku fuliyo, maaddaama ay horey ula soo dagaallameen culimmadoodii. Waxay soo dhoweysteen oo ay abbaareen nabaddoonnadii iyo odayaal-dhaqameedyadii, waxayna si toos ah iyo si dadbanba ula dagaallameen in ay culimmadu soo farageliso wadahadallada iyo heshiisyadii dhex mari jirey iyaga iyo odayaasha. In kastoo garsoorka waddanka uu gumeysigu gacanta ku hayey, haddana xeerka wuxuu u aqoonsadey inuu yahay sharci iyo nidaam dadku ku dhaqmaan. Ingiriisku wuxuu dhisay maxkamado uu isagu garsoore ka yahay, sida middii uu ku magacaabay *Procterate Court.* 1940-meeyadii ayuu oggolaaday in uu aqoonsado maxkamad-hoosaad Islaami ah oo qabata qaybo arrimaha adeegga bulshada ka mid ah, sida guurka. Sidaa oo kale ayuu Talyaanigu Xeer-Soomaaliga u aqoonsadey xeer bulshadu ku dhaqanto, isagoo garsoorku ahaa kii Talyaaniga. Goor dambe ayuu isaguna oggolaaday in maxkamadaha Islaamiga ah loola noqon karo arrimaha ku saabsan guurka iyo wixii la mid ah.[49]

Waxyaabihii isu soo dhoweeyey odayaal-dhaqameedkii iyo gumeysigii waddanka yimid waxaa kow ka ahaa wax badan oo ay isaga mid ahaayeen mabda'ii Calmaaniyadda ee gumeysigu watey iyo Xeer-Soomaaliga. Isu soo dhowaanshahaa labadii xeer wuxuu fududeeyey heshiisyadii uu gumeysigu odayaasha la galay iyo in ay xiriir dhow yeeshaan. Wada-shaqeyntaasu si ay u sii xoogeysato, wuxuu gumeysigii bilaabay inuu mushaar u qoro odayaashii, si ay u noqdaan xariggii isku xiri lahaa gumeysiga iyo bulshada. Dhanka kale, wuxuu geeska geliyey oo cadaadis saaray culimmadii, si uu iyaga iyo bulshada u kala gooyo ama uu u oggoleysiiyo in ay maamulkiisa aqbalaan. Qorshahaasu ugu dambeyn wuu u hir galay, qayb wadaaddadii ka mid ah ayaana oggolaatey in ay la shaqeeyaan maamulkii gumeysiga.[50]

---

49 Andre Le S. (2005)
50 Cabdiraxmaan Cabdullaahi Baadiyow (2017a).

Arrinkaasu wuxuu si cad uga muuqdey siyaasaddii gumeysigii Ingiriiska iyo Talyaanigu ay kula dhaqmayeen Soomaalidii ay xoogga ku haysteen. Cod dheer iyo mid gaabanba, wuxuu odoyaashii dhegaha ugu shubey in ay iyagu xaq u leeyihiin talada reerka, culimmaduna aanay faro gashan karin. Arrinkaasu gumeysiga wuu u hirgalay, waxaana u sahley awooddiisii ciidan iyo middii dhaqaale, waxayna u fududeeyeen inuu hirgeliyo qorshihiisii gumeysi ee gurracnaa. Sidoo kale, markii uu waddanka soo galay wuxuu la kulmey bulsho xeer ay isku maamusho leh oo ay odayaal talada u hayaan, diintana ku cibaadeysta.

Dhammaan wadahadalladii uu gumeysigu qabiilooyinka la yeeshay wuxuu abbaaray odayaashii. Laga soo bilaabo qarnigii 19aad, heshiisyadii gumeysigu uu qabiilooyinka Soomaaliyeed la galay, waxaa bulshada matalayey odayaasha, ugaasyada, boqorrada, iyo inta la midka ah. Wakiilkii uu Ingiriisku u diray xeebaha Badda Cas ee Soomaaliya wuxuu bilaabay in uu heshiis nabadgelyo iyo ganacsi la galo odayaasha qaybo ka mid ah qabiilooyinka xeebaha deggen. Xilligaa wuxuu dhulku hoos tegi jirey maamulkii Masar oo wakiil u ahaa dawladdii Cusmaaniyiinta. Ingiriisku wuxuu gaarsiiyey in wakiilladii Masaarida ay dhulka ka baxaan. Ciidammadii iyo maamulkii Masaaridu waxay Soomaaliya ka bexeen bishii Oktoobar 1884, waxayna ku wareejiyeen gumeysigii Ingiriiska. Markii uu Ingiriisku la wareegey Berbera, wuxuu bilaabay inuu heshiis la galo odoyaasha qabiilooyinkii kale ee deegaanka deggenaa.[51] Cidda bulshada hoggaamineysey ee uu gumeysigu heshiiska la gelayey waxay aheyd odayaasha ama waranle. Waxa kale oo fududeeyey in gumeysiga qorshihiisu hirgalo, culimmada oo aan doorkeedu ka dhex muuqan bulshada, kuna koobnaa dugsiyada iyo goobaha laga xeraysto.

Arrinkaa ah in aaney culimmadu kaalin ku laheyn maamulka iyo hoggaanka bulshada waxaa si cad ugu qawley hoggaamiyayaashii gumeysiga. Markii uu gumeysigu gubey xaruntii Daraawiishta ee

---

51 Hiba Mustafa Anwar Dayaab (2018).

Taleex, Daraawiishina u qaxday dhanka Galbeed oo Qorraxeyna degtey ayaa wakiilkii Ingiriiska, Archer, warqad u diray Sayid Maxammed. Warqadda waxaa ku jirey arrimo uu ku xirayo oo uu shardi uga dhigayo Sayidka, haddii uu doonayo in la nabadgeliyo. Waxaa ka mid ahaa in aanu ka hadli karin, soona faragashan karin talada qabiilooyinka ku hoos nool maamulkiisa iyo dhulka uu xukumo. Wuxuu ku doodayay in talada qabiiladu ay ka go'do odayaasha, masuulna ay ka yihiin maamuliddooda, wadaaddadana aan boos uga bannaaneyn oo aaney hawshaa laheyn. Shaqada culimmada wuxuu ka dhigay in ay tahay wixii arrimaha Diinta ku saabsan.[52]

Warqaddaa oo sida ku cad xambaarsaneyd siyaasaddii gumeysiga, waxaan ka dheehan karnaa sida uu ugu dedaalayey inuu kala fogeeyo culimada iyo hoggaanka ummadda. Sidoo kale, sida uu bulshada u qaybiyey, ka dibna isugu adeegsadey. Dhanka kale, sida uu odayaasha uga dhigtay gabbaad uu culimada kula dagaallamo, si uu danihiisa ugu gaaro. Iyadoo ay caddeyd inuu waddanka xoog ku haystey ayuu haddana iska dhigayey inuu talada uga dambeeyo odayaasha, taasina waxay aheyd mid xaqiiqda ka fog. Labo taboed oo la oran karo wuu ku guuleystey ayuu ummadda u adeegsadey. Tan hore; inuu odayaal-dhaqameedkii u tuso inuu wadaadku taladii reerka kala wareegayo, arrinkaa oo u meel maray. Arrinka labaad wuxuu ahaa inuu qabiilooyinka iska hor keeno, midba midka kale tuso, cadowna isaga dhigo.

Xeerkii hore loogu dhaqmi jirey iyo taageeriddii gumeysigu waxay keeneen inuu hirgalo nidaamkii Galbeedka yaalley ee ahaa kala saaridda diinta iyo hoggaanka, sidaana sharci laga dhigo. Guurtidii iyo Waranlihiiba waxay hoosta ka xarriiqeen in maamulka bulshadu uu iyaga gaar u yahay, ciddii faragelisaana ay ka soo horjeeddo dhaqanka iyo xeerka ummadda.

___
52 Aw Jaamac Cumar Ciise (1976).

Iyadoo gumeysigu uu wadey dagaalkaa uu ku kala fogeynayo culimmada iyo odayaasha, dhanka kale wuxuu yareeyey saameyntii iyo awooddii uu xeerku ku lahaa bulshada. Arrimihii garsoorka iyo maamulkuba gacanta gumeysiga ayey ku jireen, dadkii uu u diyaariyey in ay waddanka taladiisa qabtaanna jidkii gumeysiga ayey qaadeen. Shareeco iyo xeer midna ma aaney tixgelin.[53] Xilligii xoriyadda, waddanka waxaa ka jirey saddex nidaam, kuwaasoo kala ahaa: midkii Calmaaniyadda ee gumeysiga, Xeer-Soomaaliga iyo Shareecada Islaamka oo ku koobneyd qaybo arrimaha qoyska ku saabsan. Guddi loo saaray sidii la isku haleeshiin lahaa waxay go'aamiyeen in wixii ku saabsan garsoorka, sida xeerka ciqaabta iyo baarista dambiyada saldhig looga dhigo xeerkii gumeysiga. Wixii ku saabsan qabiilooyinka dhexdooda in Xeer-Soomaaliga lagu xalliyo, wixii arrimaha qoyska, sida guurka shareecada Islaamka loo dhaafo.[54]

Isku dhacii labada Dariiqo - Saalixiya iyo Qaadiriya

Labada dariiqo waxaa dhex maray dagaal af iyo addin ah, isku dhacaasuna wuxuu ka bilowday markii Sayid Maxamed oo ka yimid Maka uu Berbera ka soo degey. Berbera oo ay Qaaddiriyadu xoog ku lahayd ayuu bilaabay inuu dadka ugu yeero dariiqadii uu Maka kala yimid ee Saalixiyada. Sidoo kale, wuxuu bilaabay inuu dadka ka reebo cunidda qaadka, tubaakada iyo khamriga. Intaa kuma harine, wuxuu duray oo «bidco» iyo waxaan diinta sal ku laheyn ku sheegay waxyaabo ay Qaaddiriyadu rumeysneyd, sida in dadkii wanaagsanaa ee dhintay ay kuwa nool Alle iyo Rasuulka NNKA uga ergeyn karaan ama lagu tawasuli karo, xabaalahoodana goobo la isugu yimaado laga dhigto. In qofka nool oo kali ah Alle loo sii mari karo ayuu si cad u sheegay. Culimmadii Qaaddiriyada ee dhulka joogtey arrinkaa way ka gadoodeen, waxayna Sayidka kula taliyeen inuu arrinkaa joojiyo, qaarkoodna gumeysigii Ingiriiska ee Berbera joogey ayey u direen

---

53 Cabdullaahi M Cawsey (2014)
54 Andre Le S. (2005)

farriin isugu jirta digniin iyo codsi ah in Sayidka inta goori goor tahay la soo xiro.[55]

Dariiqada Saalixayada oo uu aasaasay Maxammed Ibnu Saalax, waa laan ka mid ah Dariiqada Axmadiyada. Wadaadkii ugu horreeyey ee Saalixiyada Soomaaliya keenay wuxuu ahaa Shiikh Maxammed Guuleed, wuxuuna xarun ka furay gobolka Shabeellada Dhexe. Sayid Maxammed wuxuu ka mid ahaa culimmadii lafdhabarta u aheyd dariiqada Saalixiyada.[56] Waxa kale oo la weriyaa in dariiqada Axmadiyadu ay Soomaaliya soo gaartey Shiikh Maxammed Guuleed ka hor. Shiikh Axmed Idiris oo dariiqadu ku abtirsato, soona baxay qarnigii 19aad, arday xertiisii ka mid ahaa oo la oran jirey Ibraahim Rashiid, xaruntiisuna Maka aheyd, ayaa wadaad ardaydiisii ka mid ahaa u diray Soomaaliya sannadkii 1850 Miilaaddiga. Madaxtinnimada dariiqada waxaa Shiikh Ibraahim Rashiid ka dhaxlay Shiikh Maxammed Saalax oo uu adeer u ahaa, shiikhna u ahaa Shiikh Maxammed Guuleed iyo Sayid Maxammed. Sidaa darteed, Shiikh Maxammed Guuleed waxaa lagu sheegaa inuu ahaa wadaadkii ugu horreeyey ee ay dariiqadu ku soo shaac baxday.[57]

Sayid Maxammed wuxuu olole afka ah ku qaaday Dariiqadii Qaaddiriyada, arrinkaasuna wuxuu keenay in la xiro masaajid ay Saalixiyadu ku laheyd Berbera, iyadoo loo marayo maamulkii gumeysiga Ingiriiska.[58] Sayidku kuma guuleysan inuu gacan ka helo Dariiqadii Qaadiriyada ee waddanka xoogga ku laheyd. Iskaba daaye, waxay ka soo horjeesteen dhaqdhaqaaqii Daraawiishta iyo jihaadkii ay gumeysiga ku qaadeen. Waxay garab siiyeen maamulkii gumeysiga ee ay Daraawiishi dagaalka kula jirtey iyo qabiilooyinkii Daraawiishta ka soo horjeedey. Shiikh Uways oo shiikhii Qaaddiriyada ahaa

55 Scott R. (2008).
56 Axmed C. Riiraash (1971).
57 Xasam Maki M Xasan (1990).
58 Cabdi Jaamac Aw-Aadan (nd)

wuxuu bilaabay olole ballaaran oo uu uga soo horjeedo Saalixiyada iyo dhaqdhaqaaqii Daraawiishta. Wuxuu ku sheegay in ay yihiin dad dhunsan oo diintii dhinac maray, lehna calaamadihii Wahaabiyada. Sidoo kale, in ay yihiin niman dhiigga culimmada banneysta, diiddan karaamada awliyada iyo in lagu tawasulo, dadkana ugu yeeraya in ay Alle toos u baryaan. Wuxuu ku tilmaamay in waxa ay sheegayaan iyo waxa ay falayaanba ay gaalnimo tahay, dadkana ay dhuminayaan. Wuxuu bulshadii ugu yeeray in ay ka fogaadaan xumaantooda iyo gaalnimadooda.[59]

Iska hor-imaadkaa Daraawiishta iyo Qaaddiriyadu waa kii keenay in la dilo shiikhii Qaadiriyada, Shiikh Uweys. Colaaddii waxay gaartey in Qaaddiriyadu soo saarto xukun sheegaya in hal darwiish ah (Saalixiya) oo la dilaa uu u dhigmo boqol gaal. Jabkii Daraawiish dagaalkaasi kuma joogsan. Kooxo Qaaddiriya ah ayaa weerarro ku qaaday goobo Saalixiyadu lahaayeen, isku soo bax daandaansi ahna meelo badan ayay ka dhigeen, sida kii keenay gacan-ka-hadalka ee ka dhacay magaalada Caynaba, 1955.[60]

Is maandhaafkaa gacan-ka-hadalka gaarey ee dhaliyey in Shiikh Uweys iyo Shiikh Cali Maye ay Daraawiishi dhegta dhiigga u darto kuma koobneyd Soomaaliya oo qur ah. Dhaqdhaqaaqii Jihaadka iyo ololihii gumeysigii Yurub looga soo horjeedey ee qarnigii 19aad goobo badan ayay dariiqadii suufiyadu ka hortimid kacdoonkaa jihaadka ahaa. Tusaale, dariiqada Tajaaniya waxay gumeysigii Faransiiska gacan ku siisay ka hortaggii jihaadkii uu hoggaaminayey Amiir Cabdulqaadir Aljasaa'iri ee Aljeeriya iyo dhaqdhaqaaqii la midka ahaa ee Sinigaal. Sidoo kale, Maxammed Almahdigii Suudaan waxay iska hor yimaadeen dariiqadii uu ka tirsanaa markii uu ku dhawaaqay jihaadka.[61]

---

59 Scott R. (2008).

60 I M Lewis (1998).

61 Xasam Maki M Xasan (1990).

Qaaddiriyadu si ay u ilaashadaan danahooda oo aanay u lumin
booska ay bulshada ka joogaan, waxay iska ilaaliyeen wax kasta oo
iyaga iyo Waranle iska hor keeni kara. Si ay dantoodaa adduunyo
u ilaashadaan, waxay hagaajiyaan xiriirka iyaga iyo odayaasha ka
dhexeeya. Maaddaama inta badan noloshoodu ku xirneyd bulshada,
cid kasta oo isku dayda in ay ka ciideyso waxay isku dayayeen in ay
bulshada u adeegsadaan, una tusaan cid diin cusub wadata.

Nin ka mid ahaa dariiqadaa, axkaamtana wax ka akhristey ayaa ii
sheegey inuu kitaab kutubta Mad-habka Shaaficiga ah, waddankana
laga akhristo uu ku arkey masalo diiddan xuska loo sameeyo qofka
dhinta. Wadaad uu filayey inuu cilmi dhaamo ayuu ula ordey oo
tusey. Intuu masaladii akhriyey ayuu wadaadkii masaladu ku cusbeyd
ku yiri, "Oo miyaadan ogeyn!" "Maya, ma ogeyn!" ayuu wadaadkii
oo yaabban ku jawaabey. Intuu kitaabkii isku laabay ayuu yiri, "War
caamada ha nooga sheegin!"

Wadaadku masalada wuu ogaa, waxa uu u diidey in dadka loogu
sheegona waa nacfigaa adduunyo ee lagu haystey. Axanka iyo xoolaha
meydka loo qalo iyaga ayaa loogu yeeraa, si ay meydka wardi ugu
akhriyaan. Wuxuu dareemay haddii caamada arrinkaa loo sheego
in waxtarkaa lagu qabo uu meesha ka baxayo. Sidaa darteed ayuu
doortay in masaladaa la qariyo. In ummadda ay danahooda ku
wataan, hawlahoodana aan la faro gelin waxay aheyd xarig adag oo
isku hayey iyaga iyo bulshada.

Xurguftaa labada dariiqo dhexmartay waxay hoos u dhigtay magacii
Wadaadka, waxayna xoogeysey awooddii Xeerka iyo Waranle.
Wadaadkii waxaa lagu sandulleeyey inuu talada reerka marti ka
noqdo, aqbalana hoggaankii Waranlaha oo uu ka mid noqdo shacabka.
Inuu fuliyo wixii reerku qaato, magtana reerka la bixiyo, xeerka iyo

talada reerkana aanu ka hor imaan. Arrinkaasu wuxuu keenay in la kala garan waayo Wadaad iyo Waranle.[62]

Xeer-Soomaaligu waa ka mudnaa Calmaaniyadda

Xeer-Soomaaligu wuxuu ahaa sharci ay bulshadu degsatey oo ay raacdo, dhanka kalena xiriir adag la leh Shareecada Islaamka. Sidoo kale, Xeerka iyo Calmaaniyaddu, sidaan gadaal ka arki doonno, wax badan ayay wadaagaan, waxyaabo kalena way ku kala tagsan yihiin. Haddii Xeerka iyo Calmaaniyaddu wax wadaagaan waxna ku kala duwan yihiin, sidaas oo kale ayey waranle iyo calmaanina waxay wadaaggaanna uu u jiraa, farqi u dhexeeyana uu u jiraa.

Aqoonyahan reer Galbeed ah, isagoo muujinaya in Xeer-Soomaaliga iyo calmaaniyaddu aanay is diiddaneyn, ayuu dhaliil u soo jeediyey qoladii dastuurka waddanka u diyaarineysey xilligii xorriyaddu soo dhoweyd, isagoo ku eedaynaya in aanay tixgelin siin Xeer-Soomaaliga, odayaal-dhaqameedkiina aan talada wax laga siin. Dhanka kale, dastuurka la dejiyey waxaa saldhig u ahaa dastuurka Talyaaniga ee ku saleysan mabda'a Calmaaniyadda, halkudhiggiisa ugu muhiimsannna uu ahaa, ilaa haddana yahay, xorriyadda diimaha.[63]

Sharci-yaqaanno kale ayaa gumeysigii ku dhaliilay in aanay Soomaalida u oggolaan in ay xeerkoodii ka dhigtaan sharciga ay isku maamulayaan, halka ay sanka ka galiyeen hannaankii maamul ee Galbeedka ka jirey. Dad badan ayaa jecleystay in sharciga waddanka loo dejinayo saldhig looga dhigo Xeer-Soomaaliga. Dagaalladii sokeeye markii ay dheceen, dawladdiina burburtay, in badan oo bulshada ka mid ah xeerkoodii ayey dib ugu noqdeen.[64]

---

62 I M Lewis (1998).
63 Maxammed Turunji (2015)
64 Michael van N. (2005).

Guddiga dastuurka diyaarinayey waxay ahaayeen khubaro Talyaani ah. Waxaa weheliyey lataliyeyaal Qarammada Midoobey ka socdey, gadaalna waxaa looga daray xubin reer Masar ah. Kulankoodii ugu horreeyey ayey dareemeen in ay lagama maarmaan tahay in xubno Soomaali ah lagu daro, si loo ilaaliyo dareenka bulshada. Qabyo-qoraalkii ay diyaariyeen waxaa loo gudbiyey guddi lagu magacaabi jirey Guddiga Siyaasadda oo 50 xubnood oo Soomaali ah ka koobnaa, wuxuuna noqday dastuurkii waddanka. Waxaa lagu daray qodobbo iska astaan ah, sida diinta rasmiga ah ee waddanku waa Islaamka, diin aan Islaamka aheynna inaan waddanka lagu faafin karin. Arrinkan dambe waxaa dhaliyey markii nin Baadari ah oo lagu eedeeyey inuu diinta Kiristanka faafinayey lagu dilay Xamar.[65]

Dastuurkii waddanku wuxuu noqday mid aan diin lagu saleyn, xeerkii Soomaalidana aan la tixgelin. Dhanka kale, golayaashii shacabka iyo kii dawladda ee Soomaalidu laheyd, wax dood ah kama keenin oo aan ka aheyn in ay ku daraan qodobbo iska astaan ah. Sidoo kale, ma dhicin isu-soo-baxyo muujinaya in diintii iyo xeerkii lagu tuntay oo bulshadii dusha looga keenay sharci iyo xeer aanay aqoon. Way jireen niman Diinta Kiristanka faafinaya oo la dilay, laakiin lama hayo kuwa loo dilay in ay sharcigii beddeleen. Malaha waa halka uu ka yimid hadalka baxay ee Soomaalida lagu duro ee ah «Soomaalidu diinta kuma dhaqantee way dhawrtaa.»

Dawladdii Millatarigu, iyada qudheedu ma marin jid ka duwan kii Dawladdii Rayidka ahayd. Halka Dawladdii Rayidka ahayd ay qaadatay dastuurka Talyaaniga ee mabda'a Hantigoosiga ku dhisnaa, Dawladdii Millatarigu waxay dooratay kii Hantiwadaagga. Golihii Sare ee Kacaanku waxay ku dhawaaqeen in ay isbeddel bulsho sameynayaan, waddankana ku dhaqayaan «Hantiwadaagga Cilmiga ku Dhisan» (Scientific Socialism). Waxay sheegeen inuu yahay hannaanka dawladnimo ee ugu habboon bulshada Soomaaliyeed.

---

65 Maxammed Turunji (2015)

Wuxuu ahaa dastuur iskudhaf ah oo ka kooban aragtigii Marx ee shuucinnimada iyo qaybo Islaamka laga soo qaatay. Mabda'ii Hantiwadaaggu (Socialism) wuxuu ahaa mid soo jiitay in badan oo ka mid ahaa madaxdii Afrika, iyagoo mabda'a Hantigoosiga ku durayey inuu yahay mabda' gumeysi.[66]

Dawladdii rayidku waxay qaadatay dastuur aan diin iyo dhaqan loo eegin, in kastoo meelaha qaar dib-u-eegis lagu sameeyey laguna daray astaamo aragti guud bixinaya, sida in diinta waddanku ay Islaamka tahay iyo qodobbo arrimaha qoyska ku saabsan. Dawladdii Kacaanku, iyadoo awoodda ka qaaddey Wadaad iyo odayaal-dhaqameedkiiba, haddana dhanka kale, waxay faafisay halk-u-dhigyo muujinaya in hantiwadaaggu aanu ka hor imaaneyn Shareecada dhanka sinnaanta iyo caddaaladda, ciddii hantiwadaagga wax ka sheegtaana ay la mid tahay cid ka hor timid waxyaabihii Islaamka tiirdhexaadka u ahaa. Dhanka kale, Kacaanku wuxuu soo rogey sharciyo adag oo ka digaya in dawladda laga hor yimaado iyadoo diinta lagu gabbanayo. Sharcigaasu waa midkii lagu fuliyey culimmadii ka hor timid qodobkii Xeerka Qoyska ee soo baxay 1975.[67] Si kastaba ha ahaatee, dawladihii waddanka soo maray waxay ahaayeen labo maamul oo aan raacin Xeer Soomaaliga, dadkiina aan sharciga Islaamka ku dhaqin. Waxaa la oran karaa, waxay ahaayeen labo maamul oo ay horkacayeen Waranle xeerkii ka tagey.

Dhan marka laga eego, sharciyaqaannada ku dooday in waddanka Xeer-Soomaaliga sharci looga dhigo xilligii xorriyadda, halkii Calmaaniyadda laga qaatay, waxay u muuqataa aragti toosan oo aan xilligeedii la garan. Mar haddii aan Shareecada Islaamka la raaceyn, Xeer-Soomaaligu wuxuu wax badan dhaamey kii Calmaaniyadda ee dibadda laga keenay. Xeer-Soomaaligu, gefaf badan oo xagga diinta ah haba ku

---

66 Raphael Ch. N. (2013)
67 Cabdiraxmaan Cabdullaahi Baadiyow (2017b).

jireene, waa xeer aan diin ka marneyn, dhaqan ahaanna ay ummaddu la qabsatey. Isaga ayaa ku habboonaa in la turxaan bixiyo.

Waxaa laga yaabaa dad badan in ay is weyddiiyaan in Xeer-Soomaaligu la jaanqaadi karo hannaanka dawladnimo ee cusub iyo in kale. Aqoonyahanno dhanka sharciyada dunida looga dhaqmo aqoon u leh ayaa isku dayey in ay baaraan Xeer-Soomaaliga, si ay u ogaadaan in uu yahay nidaam sharci noqon kara (system of law) oo xilligan lagu dhaqmi karo.

Hannaanka sharci ee jiraa haddii uu yahay wax dadku isla yaqaannaan, si wanaagsan u qeexan, iska horimaad aan laheyn. Sidoo kale, uu ilaalinayo bulshada waxyaabahaha lamadhaafaanka u ah, sida nabadgelyada, hantida, xorriyad-ku-noolaanshaha iyo wixii la mid ah, waxaa loo aqoonsan karaa inuu yahay mid hannaan sharci ah leh. Xeer-Soomaaliga oo leh hannaan la raaco iyo qodobbo degsan, markii si fiican loogu kuurgalo waxaa soo baxaya in uu kulansaday qodobbadaa la xusay.[68]

Dad badan oo aan si hoose u aqoon Xeer-Saamaaliga ayaa xilligii Dawladdii Dhexe burburtay 1991, Soomaaliya ku tilmaamay waddan aan nidaam laheyn. Soomaaliya in sidaa lagu tilmaamo way ka fog tahay. Waxay leeyihiin nidaam hoose oo dhammeystiran, kana sarreeya hannaan badan oo maamul oo dunida ka jira. Waxay ka kooban yihiin dawlado yaryar oo mid walba goonideed u madax bannaan tahay, lehna nidaam iyo kala dambeyn. Dadka qaar ayaa ku magacaabo «Dawlad-reereed'. Qolada cilmiga siyaasadda (political scientists) ayaa ku tilmaamay qaab-maamulka Xeer-Soomaaligu in uu u dhigmo midka afka qalaad lagu yiraahdo *Kritarchy ama Krytocracy* oo ah hannaan maamul oo ay xukunka hayaan koox garyaqaanno ah. Qolo ayaaba aan ka labalabeyn oo ku adkeysatay in Dimuqraadiyad iyo maamul keligi-talis ahi aanu Soomaaliya ku habbooneyn. Hannaanka ugu

68 Michael van N. (2005).

fiican waa midkaa ay kooxda garyaqaannada ahi u taliyaan. Dhib weyn uma arkaan haddii ay Soomaaliya qaadato mid la mid ah kan Imaaraadka Carabta, laguna magacaabo United Somali Sultanates.[69]

Soomaalidu xilligii burburka waxay dib ugu noqotay xeerkeedii, booskii dawladdana waxaa galay odayaal-dhaqameedkii. Qof walbaa wuxuu u qaxay halkii qoyskoodu degganaa. Qolooyinka ku dooda in xeerka la hagradey ayaa ku tiriya in hagrashadaasu ay qayb ka tahay xasilooni la'aanta waddanka; xilligii dawladdu jirtey iyo dagaalladii sokeeyaba. Qaybo Soomaaliya ka mid ah, gaar ahaan gobollada Waqooyi iyo kuwa Bari, degganaanshaha ka jira waxaa loo aaneeyaa in odayaal-dhaqameedkii mudnaan la siiyey, lana dhisay maamul ay odayaasha iyo qolooyinkii aragtida Calmaaniyada qabey oo hoggaamiye-kooxeedyadu matalayeen heshiis ku yihiin, culimmadana laga talo geliyey. Dhanka Koonfureed, waxaa yaraatay awooddii odayaasha iyo Xeer-Soomaaliga. Waxaa arrinka sii ragaadiyey ururradii caalamiga iyo dawladihii shisheeye oo wadaad iyo oday-dhaqameedba daaqadda ka tuuray, soona dhaweystey hoggaamiye-kooxeedyadii. Arrimahaas iyo kuwo la mid ah ayaa keenay miradhal la'aanta kulammo-nabadeed badan oo la qabtay.[70]

Waa arrin jirta in aan Xeer-Soomaaliga la tixgelin, lagana doortay xeerkii Calmaaniyadda, waxaase ka horreeyey oo la hagradey Shareecada Islaamka. Xeer-Soomaaliga iyo Waranluba horey ayey u gacan-bidixeeyeen Shareecada Islaamka. Dagaal af iyo addinba leh ayaa wadaad lagu qaadey, sidaan xusneyna, waxaa meelo badan ka dhacay dagaallo uu dhiig ku daatay oo u dhexeeya Wadaad iyo Waranle. Maamul Wadaad hoggaaminayo, mabda'ii qabiilka iyo xeerkiisiina dhinac iska dhigay ayaa soo baxay. Magacyo ka duwan kuwii qabiilka ayey la bexeen, sida; Daraawiish oo muujinaya hayb ka duwan kii qabiilka. Isku dhacii Wadaad iyo Waranle ayaa qayb ka ahaa in

---

69 Michael van N. (2005).

70 Cabdullaahi M Cawsey (2014)

Daraawiish jabto, gumeysiguna guuleysto. Gumeysigu wuxuu gacan ka helay garabkii Daraawiish ka soo horjeedey ee Waranle horkacayey, Xeer-Soomaaligu dhaqanka u ahaa, haybtiisuna ay qabiilka ahayd.

Taa mid la mid ah ayaa burburkii ka dib meelo badan ka dhacday. Tii ugu horreysey waxay aheyd dagaalkii ka dhacay Jubbada Hoose, ka dibna Gobollada Bari, ee dhex maray ururkii Al-Itixaad Al-Islaami iyo kooxihii qabiilka ku dhisnaa ee ay qabqablayaashu hor kacayeen. Waa labadii mabda' iyo labadii nin ee Wadaad iyo Waranle. Waxaa xigey dagaalladii Gedo iyo kuwii Muqdisho. Dagaalladii Wadaad iyo Waranle ka dhex dhacay, laga soo bilaabo qarnigii 19^{aad}, sida kii u dhexeeyey Jameecada Baardheere, Biyamaal iyo Shiikh Cali Majeerteen oo dhinac ah iyo qabiilooyinkii deegaanka iyo Saldanadii Geledi oo is biirsadey oo dhinac kale ah; kii Daraawiishta oo meel ah iyo gumeysigii iyo qabiilooyinkii raacsanaa oo meel kale ah; midkii ururkii Al-itixaad iyo qabqablayaashii dagaalka; dhammaantood waxay salka ku hayeen labo hannaan oo iska soo horjeedda, waxayna ka dab qaadanayeen labo mabda' oo wax badan isku diiddan. Waa labo hannaan oo ay kala hoggaaminayaan Wadaad iyo Waranle, kuwaa oo ka kala dabqaadanayey Shareecada Islaamka iyo Xeer-Soomaaligii oo xilligan la joogo la calmaaniyeeyey.

Sababaha uu waddanku si wanaagsan ugu cago dhigan la' yahay, waxaa qodob ka mid ah laga dhigi karaa in ay ummaddu ka tagtay ku dhaqanka xeerarkii soojireenka ahaa ee ay dhaqanka u lahayd, mid diineed iyo mid dhaqan. Dhanka kale, maamulladii la dhisay ma sameyn wax wadatashi ah oo ku saabsan dawladda ku habboon in bulshada loo dhiso. Dawladihii waddanka soo maray waxay ahaayeen kuwo ku xiran, dhan siyaasadeed iyo dhan sharciba, gumeysigii waddanka haystey. Waxay ahaayeen dawlado kor ka huwan Soomaalinnimada, gudahase ka ah dawlad gumeysi gacanta ugu jirta.

Qolooyinka wax ka qora burburka dawladaha ayaa muujiyey in aanu nidaamkii Yurub si toos ah uga hirgeli karin waddammadii ay gumeysan jireen. Waxay tilmaameen in ay lagama maarmaan tahay ama ay aheyd in dawlad-dhiska Soomaaliya la is haleeshiiyo saddexdii awoodood ee jiray; tii Diinta, tii dhaqanka ee Xeerka iyo middii Calmaaniyadda ee salka looga dhigay dawladihii la dhisay. Burburkii Dawladdii Dhexe, waddanku wuxuu ku bedbaaday awooddii dhaqanka ee uu shiiqiyey maamulkii calmaaniga. Goobo badan oo maamul-hoosaad sameystay, sida Somaliland, waxaa hormuud ka ahaa hoggaankii dhaqanka. Maamulkii ay dhisteen waxaa ka wada tashaday odayaashii dhaqanka, kooxihii hubeysnaa iyo siyaasiyiintii gobolka u dhashay.[71] Wadatashigaasu wuxuu keenay in deegaanku xasilo, goballada kalena uu dhaamo, culimaduna si toos ah iyo si dadbanba waxay ka qayb qaateen nabad ku soo dabbaalidda gobolka.

Arrimahaas aan xusnay oo dhan waxay muujinayaan in Xeer-Soomaaligu yahay nidaam dhammeystiran, marka loo eego Calmaaniyadda, use baahan yahay turxaanbixin dhinacyo badan ah. Ha lahaado goldaloolooyin badan, laakiin wuxuu dhaamey kii Calmaaniyadda oo aan diin iyo dhaqanba bulshada la jaanqaadi karin. Xeerku ha qabo in aanu wadaad maamulka kaalin ku laheyn, haddana tixgelin ayuu u hayey diinta, mana oggoleyn in lagu xadgudbo culimmada. Sidaa darteed, waxaa muuqata in Xeerkii iyo bulshadiiba la hagradey, dushana looga keenay xeer ku cusub, dhaqan ahaanna ay kala duwan yihiin.

71 Tobias H. and Markus V. H. (2009).

CALMAANIYADDA

Taariikhdeeda iyo Sababaha dhaliyey

Mabda'a Calmaaniyadda (Secularism) waa dhaqdhaqaaq ka bilowdey Yurub oo ay hor kacayeen koox hal-abuurro (thinkers) la baxay, dantooduna ay aheyd in ay abuuraan bulsho aan wax xiriir ah diin la laheyn. Waxay bilaabeen olole ballaaran oo ay uga gol lahaayeen sidii ay Kaniisadda iyo maamulka ama dawladda ay u kala saari lahaayeen, bulshadana uga la dagaallami lahaayeen ku dhaqanka diinta iyo ku xirmidda kaniisadda. Waxay jabiyeen teedkii iyo darbigii kaniisadda ee lamadhaafaanka ahaa, waxayna ka dhigeen in waxa la rumeynayo uu noqdo wax qofku dooran karo.[72] Calmaaniyadda waxaa lagu qeexaa saddex macne oo is hoos galaya: Tan hore, in dhaqanka, garashada iyo qaab-fikirka qofka diin laga dhartiro.Tan labaad, Bulshada in laga dheereeyo rumeyn diineed iyo ku dhaqankeeda. Midda saddexaad, in maamulka iyo hoggaanka dawladda aanay soo galin wax diin ku lug leh.[73]

---

72 Neil O. (2010).
73 Veit B. (2007).

Dawladda calmaaniyadda ah, ugu yaraan, labo astaamood ayaa lagu gartaa; kala saaridda dawladda iyo diinta, dawladdaasina aanay wax xiriir ah diin la laheyn in si maamuus iyo dhaqan ah loo tixgeliyo mooyaane. in ay noqoto dawlad aqbasha bulsho kala diin iyo dhaqan ah, bulshadaasna ay dhexdhexaad u tahay. Waxaa hal-ku-dhig u ah saddexdii erey ee saldhigga u ahaa Kacaankii Faransiiska; xornimo aan qofka wax diin ahi aanay xireyn, wixii uu doonana uu rumeyn karo, ama ka soo horjeesan karo; sinnaan u dhaxeysa dadkaa kala diinta iyo dhaqanka ah, iyo in la dhawro wada-noolaanshaha iyo isku-duubnimada bulshada.[74]

Ereyga "Calmaani" waa erey isticmaalkiisu ku cusub yahay luqadda Carabiga, macnihiisuna wuxuu ku soo uruurayaa qof ama bulsho aan diin lug ku lahayn oo aan ku dhaqmin, diintuna aanay soo faro gashan arrimaha bulshada iyo siyaasadda. Ereyga "Calmaani" (haddii caynka la hoos dhigo) waxay dadka qaar u tiiriyaan inuu ka yimid asal ahaan "Al-cilmi", ama "Calmaani" (haddii caynka la kor dhigo) oo loo tiiriyo in ay ka timid "caalam", waxayse ahayd in ay noqoto marka alif iyo nuun lagu daro "Alcaalamaani". Si kastaba ha ahaatee, macnaha loo jeedaa ee loo yaqaan waa in la kala saaro diinta iyo dawladda. Diintu in ay ku ekaato goobaha cibaadada, laguna koobo xiriir u dhexeeya Alle iyo qofka, maamulka dawladda iyo arrimaha bulshaduna noqdaan kuwo ka madax bannaan diin.[75] Si kastaba ha ahaatee, in loo tiiriyo oo laga dhigo in ereygu ka yimid "Al-Cilmi" waa marinhabaabin ay rabaan qolada u ololeysa mabda'a in ay dadka ku sameeyaan, kana dhigaan in mabda'u salka ku hayo cilmi iyo aqoon. Sidaa darteed, qaamuusyada xilligan cusub waxay ku sheegaan in ereyga asalkiisu "Calmaani" (caynka oo la kordhigo) yahay, loona yaqaanney qof aan diinta ku xirneyn aqoonna u laheyn.[76]

74 Charles T. (2010)

75 Yuusuf Qardaawi (1407H).

76 Maxammed Axmed Cabdulqani. (2014).

Ereyga "Secularism" waa erey laatiin ah oo ka yimid (saecularis) macnihiisuna yahay Ingiriis ahaan adduunyo-raac (Worldly). Macnaha saxda ah ee ay kalmaddu ku noqonayso Carabi ahaan wuxuu noqonayaa (اللادينية أوالدنيوية - Diin la'aan ama adduunyo-raac) oo ah in la kala saaro diinta iyo dawladda. Qayb ka mid ah qorayaasha Carabta ayaa isku dayey in ay Calmaaniyadda u meel dayaan oo ku sheegay in aanay macneheedu aheyn in diinta iyo dawladda la kala saaro, laakiin ay tahay in aanay isku darsamin hay'adaha maamulka siyaasadda iyo fulinta ee dawladda iyo kuwa diinta.[77]

Arrimo badan ayaa loo tiiriyaa bilowgii aragtidan Calmaaniyadda, waxaana ka mid ah dhalanroggii Diinta Kiristanka, amar-ku-taagleyntii iyo dulmigii ay wadaaddada Diinta Kiristanku dadka ku hayeen iyo hardankii ka dhex aloosmay culimada sayniska iyo kuwa Kaniisadda.[78] Dhanka kale, waxaa ka qayb qaatay fididda mabda'a, Diinta Kiristanka oo aan diiddaneyn in la kala saaro Kaniisadda iyo maamulka. Taa waxaa ka marag kacaya hadalka ay rumeysan yihiin in laga soo guuriyo Nabi Ciise (CS) ee ah "Qaysar wuxuu leeyahay u daa, Allena wuxuu leeyahay u daa!" Arrinkaas oo macnihiisu yahay in diinta iyo dawladda la kala saaro.[79]

Kacdoonkii ka-hoos-baxa Kaniisaddu wuxuu sii labo kacleeyey markii Kaniisaddu isku daydey in ay kacdoonkaa cabburiso. Waxay bilowdey in ay ugaarsato oo layso aqoonyahan kasta oo cilmi cusub dunida ku soo kordhiya. Kuwo badan ayaa maxkamad la soo taagey, qaarkoodna baqdin darteed ayey uga noqdeen aqoontii ay dunida ku soo kordhin lahaayeen.[80]

---

77 Maxammed Cali Albaar (2008)..
78 Yuusuf Qardaawi (1407H), Safar Xawaali (1402H).
79 Maxammed Cali Albaar (2008).
80 Saalim Bahnasaawi (1992).

Doodo iyo kacdoommo badan ayaa Yurub soo maray, kacdoon kastaana uu arrin gaar ah ku bilowday, laakiin danta guud ay isku mid aheyd. Qaar ayaa ku bilowdey dood ka dhalatay xiriirka ka dhexeeya diinta iyo Dimoqraaddiyadda, kuwo kalena diidmo mad-hab gaar ah oo Kiristanka ka mid ah. Waxaa ka mid ahaa Faransiiska oo ay ka bilaabantay gadood Katooliga lagu diiddan yahay. Dhanka kale, qaar ayaa ku bilowdey xiriirka diinta iyo dawladda ka dhexeeya.[81] Dhammaan dhaqdhaqaaqyadaas oo dhan waxay isugu imaanayeen la dagaallanka diimaha, siiba Kaniisadda.

Kala duwanaanta Calmaaniyadda iyo Dimuqraaddiyadda

Ereyga `Democracy' isticmaalkiisa waxaa lagu sheegaa in uu ka soo jeedo Giriiggii hore ee qarnigii 5[aad], dhalashadii Nabi Ciise (nk) ka hor. Ereygu waa labo erey oo afkii Giriigga ah oo la isu geeyay; `Demos' oo ah dadka iyo `kratos' oo ah awoodda. Qeexidda labada erey ee isu tagey waxay muujinayaan in awoodda ay dadweynuhu leeyihiin. Iyadoo xilliyadan dambe ay kalmaddu noqotay mid qeexiddeeda in xad go'an la siiyo ay adkaatay, haddana waxaa lagu sheegaa ujeeddadeeda guud in ay tahay qaab dawladeed ay dadweynuhu kaalin xoog leh ku leeyihiin awoodda dawladda, si toos ah iyo si dadbanba, si xor ahna ay u doortaan xubnaha matalaya.[82]

Bilowga Dimiqraaddiyadda xilligan la isticmaalaa wuxuu u noqonayaa qarnigii 18[aad], waxaana saldhig u ahaa kacdoonkii Yurub ee isbeddeldoonka ahaa ee 1779 Miilaaddiga. Halka ay ka qaateen hannaanka dimuqraadiyadda cusub waxaa hormood ka ahaa qoraaga buugga `Filcaqdi Al-ijtimaaciyi' sannakii 1762.[83] Dimiqraadiyadda la isticmaalo

---

81 Michael M. (2007).
82 Konrad-Adenauer-Stiftung (KAS). (2012).
83 Jacqueline R. (2011).

xilligan waxaa loo qaybiyaa labo; qayb lagu magacaabo `Direct Democracy' dimuqraadiyadda tooska ah. waa midda qofka wax dooranaya iyo cidda la dooranayo aanay cidi u dhaxeyn. Qaybta labaad waxaa lagu magacaabaa `Represensative Democracy' waana midda dunida ka jirta ee loo badan yahay. Waa in qofku doorto mudane matalaya, afkiisana ku hadla, waana qaabka mudanayaasha ama baarlamaanka.[84]

Marka la is barbar dhigo qeexidda labada erey, Calmaaniyadda oo aan horey u soo qeexnay iyo Dimuqraaddiyadda, waxaa soo baxaya kala duwanaan yar. Markase la eego aragtidooda asaasiga ah, waxba isku ma diiddana. Dawladda calmaaniyadda ah maamulkeeda iyo siyaasaddeeda diintu wax lug ah kuma lahan, bulshadana waxaa la siiyaa xorriyad dhammeystiran oo dhanka diinta ah. Go'aammada ay dawladda calmaaniyadda ah qaadaneyso diin uma fiiriso, wax saameyn ahna kuma lahan. Waxaa diin u ah waxa dadku doorto, bulshadana waxaa la siiyaa xuquuq siman oo aan diin loo eegayn. Dawladda dimuqraaddiga ahi waxay kaga duwan tahay waxaa saldhig u ah tixgelinta diimaha iyo dhaqanka, diinta dadku u badan yahayna saameyn weyn ayey ku leedahay siyaasadda dawladda.[85]

Sidaa darteed, aragtida Dimuqraadiyadda waxaa asal u ah in bulshadu doorato madaxdooda, iyadoo la raacayo dhanka dadku u badan yahay. Kuma xirna in dadkaasu Muslimiin, Kiristaan ama dad diimo kale haysta yihiin. Sidoo kale, dawladdu waa in ay tixgelisaa dadkaa doortay waxa ay rumeysanyihiin.

---

84 Andre' K. (1997), Saylor Foundation. (2012).
85 Difference Between. (nd).

Calmaaniyadda iyo Dunida Muslimka

Waqti badan kama soo wareegin markii fikradda Calmaaniyadda ee ka hanaqaadday Yurub ay u soo gudubtey dunida Muslimka. Qarnigii 19[aad] ayey aragtidaasu ku faaftey dunida Muslimka, waxayse si ballaaran u soo shaac baxday bilowga qarnigii Labaatanaad. Waxay ka soo bilaabantay waddammada kulaalaya Yurub, sida Turkiga, Masar, Tuunis, Lubnaan iyo kuwo kale.[86]

Waxaa jira sababo badan oo keenay in aragtidani ay ku faafto dunida Muslimka. Sababahaasu waxay isugu jiraan kuwo bulshada Muslimiintu ay iyagu sabab u ahaayeen iyo kuwo ay cadowgoodu abuureen. Sababahaa kuwooda ugu waaweyn waxaa ka mid ah in ay in badan oo Muslimiinta ka mid ah ay ku habsatey aqoonyari xagga diinta ah, taasina ay ku keentay in ay ku dhacaan waxyaabo aan diinta sal ku laheyn, gacantana u galaan kooxo daneystayaal ah oo diin uga dhigay wax aan diin aheyn.[87]

Gumeysigii dunida Muslimka ku soo duulay wuxuu qayb libaax ka qaatay faafinta Calmaaniyadda. Duullaankaasu wuxuu isugu jirey mid ciidan iyo mid dhaqan-doorineed. Tabihii ay adgeesadeen waxaa ka mid ahaa in ay goobihii waxbarashada ka dhigaan meel laga faafiyo Masiixiyada iyo Calmaaniyadda, ilaa qoraa Kiristan ahi uu buuggiisa ku boorriyey in meel kasta laga furo iskuullo, si ay u noqdaan jidkii laga geli lahaa maskaxda iyo maanka Muslimiinta. Marar waxay isticmaalayeen hay'ado ay samafal ugu yeeraan, si ay dadka u dhex galaan. Kuwo ay ku guuleysteen in ay diinta ka saaraan ayey ku dhex darsadeen xisbiyadii iyo golayaashii jirey, waxayna abuureen aragti waddaniyadeed, si isu-aaneysiga diinta loo baabi'iyo.[88]

---

86 Saalim Bahnasaawi (1992).
87 Safar Xawaali (1402H).
88 Maxammed Zayn Alhaadi (1409H).

Horumarka maaddiga ah ee ay Galbeedku gaareen waxay maanka ka qaadday dadyow badan oo Muslimiin ah. Waxay rumeysteen beentii ay Galbeedku faafiyeen ee ahayd in ay diintu tahay midda hor taagan cilmiga iyo horumarka. Waxaa qalbiga loogu ridey in horumarku ku xiran yahay diinta iyo dawladda oo la kala saaro. Aragtidaa ciddii ugu horreysey ee soo guurisey waxay aheyd ardaydii waxbarashada u aaddey Yurub iyo Galbeedka. Waxay soo noqdeen iyagoo xambaarsan aragtidii Calmaaniyadda, waxayna ku dagmeen horumarkii ay waddammadaa ku soo arkeen. Wixii ay soo arkeen iyagoon kala hufin oo kalana reebin, haddii ay ahaan laheyd diin, cilmi, dhaqan iyo siyaasad ayey bulshadii ku dhex faafiyeen. Aqoonyaridii jirtey darteed, bulshada badideed si duudduub ah ayey u soo dhaweeyeen, iyagoo u arkayey in ay yihiin aqoonyahanno aqoon cusub iyo ilbaxnimo u keenay.[89]

Aragtidii Calmaaniyadda ee wadammada Muslimiinta ka hirgashay waxay ka xagjirtaa midda Galbeedkii ay aragtidu ka hanaqaaddey ka jirta. Waxay qabaan kuwa u ololeeya in ay Calmaaniyadda ka hirgasho waddamada Muslimiinta in Diinta Islaamka meel la iska dhigo. In aanay Shareecada Islaamku ka dhex muuqan hannaanka maamul ee dawladda ee dhinacyada siyaasadda, dhaqaalaha, arrimaha bulshada, waxbarashada iyo wixii la mid ah. Qaarkood waxayba dagaal adag ku qaadeen qaybo ka mid ah astaamihii diinta, sida la dagaallanka xijaabka. Arrinkaa waxaa ka marag furaya waxa ka dhacay Turkiga iyo halka uu Kamaal Ataaturki gaarsiiyey markii uu ku dhawaaqay kala saaridda diinta iyo dawladda.[90]

Dawladaha reer Galbeedka ee qaatay mabda'a Calmaaniyadda, kaalintii diinta meesha kama wada saarin, Kaniisaduhuna kaalin mug leh ayey arrimaha bulshada ka qaataan. Tusaale; Ingiriisku wuxuu dastuur ahaan aqoonsan yahay Kaniisadda Ingiriiska, wuxuu oggol yahay in loo dabaaldego Ciidda Masiixiga. Sidoo kale, wuxuu aqbalay

89 Maxammed Shaakir Ash-shariif (1411H).
90 Yuusuf Qardaawi (1407H).

dhaqammo iyo diimo kala duwan in ay waddanka ka jiri karaan oo
iskuullo diin salka ku haya la furan karo. Arrimahaas ayaa waxay
keeneen in dadka qaar dawladda calmaaniyadda ah ku qeexaan midda
aqbasha kala duwanaanta diimaha iyo dhaqammada.[91]

Arrinkaasu wuxuu ku tusayaa in Ingiriisku aqoonsan yahay Kaniisadda,
Diinta Kiristankuna tahay diinta waddanka, laakiin aanay diiddaneyn
diimaha kale inay la noolaadaan, halka calmaaniyiinta Turkigu sidaas
si u dhiganta aanay Islaamka u oggolayn. Wadammada Galbeedka
qaarkood, si weyn ayey Diinta Kiristanku uga muuqataa, diinta
iyo dawladduna way isku laban yihiin. Kaniisadda kaalinteedu waa
muuqataa, wadaaddada kaniisadduna tixgelin weyn ayey bulshada
iyo dawladdaba ku leeyihiin. Waddammada qaar ayaa waxaa ka jira
xisbiyo ay astaan iyo magac Kiristaannimadu u tahay, bulshadana
astaamihii diintu way ka dhex muuqdaan. Marka ay maamulka
iyo arrimaha siyaasadda noqoto, waxaa muuqata kala sooc diinta
iyo siyaasadda ah, siyaasadda dawladdana waxaa halkudhig u ah
dhexdhexaadnimo iyo in ay bulshadu u siman tahay iyadoon diin
iyo dhaqan loo eegin.[92]

Haba jireen dawlado diimaha tixgelin siiya, sida Ingiriiska iyo
Iskaandineefiyanka e, haddana xilliyadan dambe waxaa bilowdey in
ay dib u eegaan aragtidoodii diimaha, gaar ahaan Islaamka. Waxaa
soo shaac baxay buuq u eg mid bartamihii qarnigii 18[aad] ka bilowdey
Maraykanka. Waxaa xilligaa Maraykanka u haajirey dad badan oo
Katoolig ah, waxaana dhacay isu soo baxyo badan oo dadkaa lagu
diiddan yahay, kuwaa oo ay wadeen dadkii Barootastanka ahaa. Waxaa
lagu eedeynayey in aanay daacad u aheyn mad-habka Barootastanka,
yihiinna dad dhaqan iyo mabda' kooda ka duwan wata kana amar
qaata Boobka Rooma fadhiya. Ololahaas mid la mid ah ayaa ka
bilowdey Galbeedka, kaa oo lagu diiddan yahay Islaamka. Waxaa

---

91 Norris P. (2013).
92 Lily Zubaidah R. (2011).

halkudhig looga dhigay kacdoonkaa in aanu Islaamku aqoonsaneyn dimuqraaddiyadda, daacadna aanu u aheyn.[93]

Calmaaniga Muslimka u nasab sheegta ma oggola inuu aqbalo haddii bulshadu doorato xisbi Islaami ah, taasna waxaa marag ka ah dhacdooyinkii Aljeeriya, Tuuniisiya Masar iyo Turkiga, markii xisbiyada Islaamku doorashada ku soo baxeen. Dhacdooyinkaasu waxay dhaliyeen in calmaaniga Muslimka sheegta uu u arko Dimuqraaddiyaddu in ay khatar ku tahay mabda'a Calmaaniyadda. Taasi waxay keentay in ay bilaabaan olole ay cinwaan uga dhigeen in aanay waddammada Muslimka ah dimuqraaddiyad ka dhalan karin, in aragtida Calmaaniyadda la qaato mooyaane.[94]

Kooxahaasi waxay ku doodaan in aan dawlad dimuqraadi lagu tilmaami karin in ay dhaqankeeda iyo maamulkeeda diin ka dheerayso mooyaane. Waxay uga jeedaan in dawladda dimiqraaddiga ahi ay rumeysan tahay kuna dhaqanto aragtida Calmaaniyadda. Haddii waddan Muslim ah doorasho ka dhacdo oo uu xisbi Islaami ah ku guuleysto, agtooda dawladdaasu dimuqraaddi ma ahan. Dhanka kale, waxay oggol yihiin in ruux calmaani ah uu dawlad dhisan afganbiyo, kaligi-taliyena uu noqdo.[95]

Aragtidaas keligood kuma ahane waxaa ku garab siiya waddammada reer Galbeedka ee sheegta in ay mabda'aas rumeysan yihiin. Ma qabaan in la oggolaado haddii xisbi Islaami ahi uu si dimuqraadiyad ah doorashada ku soo baxo. Mar uu Maraykanku dhaleeceeyey olole ballaaran oo lagu xirxirayey madaxdii Ikhwaanu Muslimiin ee uu amray madaxweynihii Masar, Anwar Saadaat, waxaa dhaleecayntaa Maraykanka si cad uga horyimid Ra'iisulwasaarihii Yuhuudda ee

93 Michael M. (2007).
94 Cabdurrasaaq Ciid (1999).
95 Kan hore

xilligaa, Manachem Begin. Wuxuu ku qanciyey madaxdii Maraykanka in dimuqraadiyadda la iska illoobo marka arrinku Muslimiinta joogo.[96]

Xisbiyada Galbeedka ka jira

Waxa aannu maqalnaa xisbiyo wata magacyo iyo aragtiyo kala duwan oo ka jira dunida, magacyadaasina waxay xambaarsan yihiin mabda' iyo xeerar kala duwan. Tusaale; labada xisbi ee Maraykanka ku loollama hoggaanka waddanka, Dimuqraaddiga (garabka bidixda) iyo Jamhuuriga (garabka midigta), waxay kala matalayaan labo aragtiyadood.

Saddexda aragtiyadood ee dunida ugu waaweyn waa kuwa loogu yeero Garabka Midig (Conservative), Garabka Bidix (Liberal), Hantiwadaagga (Socialist). In kastoo ay isa soo hoos-gelayaan, haddana aragtiga Liberaalku waa midda asalka ah ama la oran karo gundhigga labada aragtiyadood ee kale. Saddexda aragtiyadood waxay ka siman yihiin in awoodda iyo talada loo celiyo qofka ama bulshada, lagana hoos baxo awooddii Kaniisadda. Waxaa asal u ah kacdoonkii qarnigii 18[aad] Yurub ka bilowdey ee loogu magac daray dhaqdhaqaaqii xogta iyo horumarka (Enlightenment). Waxay ku kala tageen qeexidda iyo awoodda ruuxa.[97]

Garabka Bidixda (liberal) waa aragti ku saleysan qofku inuu helo madax-bannaani dhammeystiran oo aanay jirin wax ka hor istaagi kara dookhiisa, wixii uu isagu wanaag u arkana uu sameeyo. Garabka Midigtu (Conservative) wuxuu qabaa inuu qofku u baahan yahay in xuduud loo jeexo oo ay jirto hannaan in la dhawro u baahan, ilaalintiisana ay ka dhalaneyso wada noolaanshaha bulshada.[98] Sidoo kale, waxay rumeysan yihiin in ay jiraan dhaqan iyo anshax mudan

---

96 Yuusuf Qardaawi (1407H).

97 James A. (2015).

98 Jesse G., Jonathan H. and Brian A. N. (2009).

in la ilaaliyo, taas oo ku keenaysa qofka aragtidaa qaba inuu dareemo baahi loo qabo nidaam iyo kala dambeyn oo ay ku weynaato cabsida in anshaxaasi lumo. Arrimahaas waxaa xaddidaya oo ay salka ku hayaan waxa qofku rumeysan yahay iyo waxa uu anshaxa u arko. Dhanka kale, Garabka Bidix aragtididiisa waxaa gundhig u ah in la qaato wax kasta oo ummaddu ku hormari karto iyadoo aanay jirin wax dabar iyo seeto ah, muhimadda ugu weynna la siiyo qofku inuu helo xorriyad jaantaa-furan ah. Arrimahaasu waxay dhaliyeen in ay abuurmaan aragtiyo kala duwan oo ku saabsan anshaxa, rumeysnaanta iyo hannaanka maamulka.[99]

Dhanka kale, marka la eego kala duwanaanta dhabta ah, waxay u dhowdahay in ay ku dhisan tahay aragti siyaasadeed ee aanay mar walba ahayn aragti mabda'. Kala duwanaanta rasmiga ah waxay ku wareegaysaa labo fikradood oo mid ku doodeyso in isbeddel dhan walba ah la sameeyo iyo mid oranaysa in isbeddelkaasu aanu saameyn weyn ku yeelan dhaqankii iyo anshaxii soo-jireenka ahaa.[100]

Dagaalkii Labaad ka dib, waxaa abuurmay xisbiyo cusub, kuwaas oo mabda' ahaan ku xirnaa Kaniisadaha Katooligga iyo Borootastanka. ka dib, waxay u sii xuubsiibteen dhanka Liberaalka, taas oo ka dhigtay in Liberaalkii asalka ahaa xagjir sii noqdo oo aragtida Garabka Bidix ku sii fogaado, una sii siqo dhanka Shuuciyadda. Booskii Liberaalka (Garabka Bidix) waxaa galay xisbiga Garabka Midig (Conservative), Liberaalkiina waxay isu rogeen oo u janjeersadeen aragtidii Shuuciyadda (Communism), gaar ahaan Faransiiska iyo Talyaaniga.[101]

Ururradaa laftigooda intaa kuma istaagine, iyaga ruuxoodii ayaa sii kala baxay. Urur kasta waxaa ka dhanbalmey mid kale oo ay wax badan isku diiddan yihiin. Xisbigii Midigta wuxuu dhalay mid xagjir

---

99 Barry R. S., John R. Ch. and Bonnie M. L. (2012).
100 Pamela J. C. and Stanley F.. (1981).
101 Eric V., Mary A. and Keith A. (1974).

ah oo loo bixiyey Midigta Xagjirka ah, kii Bidixda iyo kii Shuucigaba sidoo kale waxaa ka farcamey ururro kale oo qaarkood aragti dhexe qaatay, kuwana ay xagjir noqdeen.

Xisbiyada Garabka Bidix iyo dadka laga tirada badan yahay

Garabyada Bidixda ee Galbeedka waxaa lagu xagliyaa in ay xulufo la yihiin dadka soo-galootiga ah ee laga tirada badan yahay, Muslimiintuna ay ka mid yihiin. Xilliyadan dambe, isbaheysigaa waxaa ku yimid madmadow badan markii ay soo baxdey isku-dhac xagga dhaqaalaha iyo mabda'a ah oo ka dhex aloosmay taageerayaasha dhaladka ah ee xisbiga iyo soo-galootiga. Madax ka mid ah Xisbiga Shaqaalaha (Labour) ee Ingiriiska ayaa ku tiriyey guuldarro xagga doorashada ah oo xisbiga ku timid xiriirka fog ee uu xisbigu la leeyahay soo-galootiga.[102]

Kala fogaanta xisbiga bidixda iyo Muslimiinta Galbeedka ku nool wuxuu soo shaac baxay markii dil lagu xukumay Salmaan Rushdi, qoraaga buuggii *Aayadaha Shaydaanka* (The Satanic Verses), sanadkii 1989. Wax yar ka dib, waxaa xigay markii Faransiisku mamnuucay in gabdhaha Muslimiintu ay iskuulka u qaataan gambo ama khimaar.[103]

In kastoo xilliyadii dambe hoos u dhac laga dareemayey dadka soo-galootiga ah ee u codeeya Xisbiga Shaqaalaha (Bidixda) ee Ingiriiska, haddana sahan (survey) la sameeyey 2010 wuxuu muujinayaa saddex meelood labo ka mid ah dadka laga tirada badan yahay in ay u codeeyeen Xisbiga Shaqaalaha. Waxyaabaha ka dambeeya in ay xulufo la noqdaan xisbiga Bidixda way kala duwan yihiin, iyadoo qaarkood ay ku xiran yihiin dhanka soo-galootigu ka soo jeedo iyo waxa uu rumeysan yahay. Arrimaha ku saabsan qaxootiga, shaqo la'aanta, la dagaallanka dambiyada, kala faquuqidda dadka iyo dib u maalgelinta

---

102 Rafaela D. (2013).
103 Laurence, J. (2013).

bulshada danyarta ah waa waxyaabaha loo aaneeyo in xisbiga Bidixdu ku kasbadey dadka laga tirada badan yahay.[104]

Sababta dadka soo-galootiga ah, gaar ahaan Muslimiinta, ay uga didsan yihiin xisbiyada Garabka Midig waxay u badan tahay in ay dhowr arrimood keeneen. Midda hore, waa xisbi aan u rooneyn dadka danyarta ah ee soo-galootiguna u badan yihiin abuurana kala sarreyn bulsheed, halka xisbiga Garabka Bidix uu u doodo dadka shaqaalaha ah. Midda labaad, xisbiyada garabka midig waxay u janjeeraan dhanka Kaniisadda, qaarkoodna magaca xisbigooda ayey ka muuqataa, sida xisbiga talada Jarmalka hadda haya oo ah xisbi garabka midig ah oo la baxay «Christian Democratic Union- CDU». Waxaa ku badan dadka kaniisadda ku xiran aadna ugu ololeeya sidii loo ilaalin lahaa dhaqanka iyo caqiidada Kiristanka ee waddanka. Sidaa darteed, mar walba waxaa ka muuqda aragti iyo dagaal diimeed oo Islaamkana si gaar ah isha ugu haya. Midda saddexaad, dadka aragtidaa ku fogaada inta badan waxay u xuubsiibtaan xisbiyadan xilligan dambe caanka ka noqday Yurub ee loo bixiyey `Midigta Xagjirka ah'. Waa xisbiyo aragtidoodu ku dhisan tahay waddaniyad, soogalooti naceyb iyo Islaam naceyb. Xisbiyadaa waxaa ka mid ah xisbiga UKIP ee Ingiriiska ka jira iyo kuwo ay isku aragti yihiin oo ka jira Faransiiska, Holand, Usteeriyo iyo kuwo kale.

Dawlad Islaami Dimuqraaddi ah

Xilli dheer ayey socotay doodda ah in Islaamka iyo Dimuqraadiyaddu ay is qaadan karaan. Aragtiyo badan oo is dhaafsan ayaa arrinkaa laga bixiyey. Qolo ayaa ku dooddey in aanay weligood is qaadan karin, kuwa kalena waxay sheegeen in aanay jirin wax diidaya in la is haleeshiiyo. Koox kale ayaa qabta in xal dhexe loo heli karo oo la isu soo dhoweyn karo.[105] Laga soo bilaabo bilowgii qarnigii Labaatanaad,

---

104 Anthony H. and Omar Kh. (2012).
105 Norris P. (2013).

waxaa soo baxay qoraallo badan oo ay qaarkood ku doodayaan in Dimuqraaddiyadda abtirkeedu uu ku arooro Diinta Kiristanka, sidaa darteedna ay ku dhisan tahay anshaxa iyo dhaqanka Kiristanka. Qolooyin baa sii talax tagey oo qaba in kiristaannimadu ay shardi u tahay Dimuqraadiyadda, Islaamka iyo Dimuqraadiyadduna aanay isku iman karin. Kiristanka qudhiisu ma wada bedbaadin. Waddammada haysta mad-habka Orthadhakiska ayaa lagu dhaliilay horumar la'aan dimuqraaddiyadda ah. Qaar ayaa rumeysan in aanay dimuqraadiyadda iyo diimuhu is diidaneyn, diin kastana lagu sameyn karo turxaan-bixin, si iyada iyo Dimuqraadiyadda la isku haleeshiiyo.[106]

Kuwo u ololeeya dimuqraaddiyeynta Islaamka ayaaba giraanta dib u rogey oo falanqeyn ugu noqday sababihii dhaliyey dagaalkii dhiigga badani ku daatay ee Muslimiinta ka dhex dhacay xilligii khilaafadii Cali Ibnu Abii Daalib, Alle raalli ha ka noqdee. Dagaalkaa lagu riiqday waxa dhaliyey waxay ku sheegeen in ay aheyd in la baalmaray hannaankii dimuqraaddiyadda oo amiirka qudhiisa aan lagu dooran hab dimuqraaddi ah. Dhibka iyo dibudhaca dunida Muslimka haysta waxay u tiiriyeen gefkii xilligaa soo bilowdey, ilaa haddana jira.[107]

Aragtida dimuqraaddiyenta waxay soo shaac baxday aadna wax looga qoray laga soo bilaabo sannadkii 1980. Qorayaal badan ayaa saldhigashada Dimuqraaddiyadda waxay ku xireen in la helo ururro bulsho oo arrinkaa u heellan, kuwaa oo laga dhex abuuro waddanka la rabo in dimuqraaddiyadda laga hirgaliyo. Habkaas waxaa loo adeegsadey, ururrada bulshaduna ay kaalin wax-ku-ool ah ka qaateen, afganbiyadii maamulladii Yurubta Bari ee Hantiwadaagga ahaa. Dhisidda ururro dawladda ka madax bannaan (NGOs) waxay noqotay waddada ugu fudud ee loo maro dimuqraaddiyeynta, waxayna reer Galbeedku u arkeen in ay tahay qaabka ay u dimuqraaddiyeyn karaan waddamo badan oo ay ka mid yihiin kuwa Bariga Dhexe.

---

106 Michael M. (2007).
107 Fatima Mernissi (1987/1991).

Dhanka kale, ururradii bulshada ee waddammada Muslimiinta ka jirey in laga dhigto waddada bulshada lagu dimuqraaddiyeeyo waxay reer Galbeedkii ku abuurtay welwel iyo walaac. Waxaa u muuqatay ururradaa bulshada ee ka jira waddammada Muslimiinta haddii kaalintaa la siiyo in ay noqon karto arrin waddada u xaarta dhisidda dawlad Islaami ah.

Si ururradaa Islaamiga ah meesha looga saaro, calmaaniyiintii iyo waddammadii Galbeedkuba waxay isla garteen in ururro-diimeedka aan lagu darin ururrada bulshada, ama lagu eedeeyo in aanay ku habbooneyn amaba ka soo horjeedaan dimuqraaddiyeynta. Qorshahaasu wuxuu dhalay in ay doorbidaan in ay xukunka ku hayaan maamullo musuqmaasuq iyo keligi-talisnimo ku caan baxay oo ka arrimiya waddammada Muslimiinta, iyagoo ka cabsi qaba in ay taladu gacanta u gasho xisbi Islaami ah. Waa midda keentay in calmaaniyiinta Turkigu ay si cad uga hor yimaadaan ku biiridda Midowga Yurub, baqdin ay ka baqayaan in ay jidka u xaarto dimuqraaddiyad ay ku soo baxaan ururrada Islaamiga ah.[108]

Si kastaba ha ahaatee, sida qolooyin badan qabaan, dimuqraaddiyaddu waxay noqotay magac cusub oo Diinta Kiristanku yeelatay. Waxay noqotay dallad ay ku hoos dhuuntaan kooxaha diinta Kiristanka faafiya. Waxay ka dhigteen gabbaad, si looga fogaado isku dhacyo iyo gadood uga yimaada bulshada loogu talo galay in Kiristanka loogu yeero, gaar ahaan dadka Muslimiinta ah.[109]

Dhanka kale, qolooyin kale ayaa waxay sameeyeen qeexid iyo calaamado lagu garto diinta ay is qaadan karaan dimuqraaddiyadda. Diinta bulshadu haysato oo ay dhaqan ahaan u tixgeliso laakiin aanay arrimaha diinta iyo hoggaanku isku dhex jirin (civic religion). Midda labaad, diinta waddanku astaan ahaan u haysto ee ka muuqata

---

108 Salim C. & Hakki T. (2013).
109 Joseph A. Massad (2015).

bulshada dhexdeeda waddankana lagu tilmaamo (state religion). Qayb saddexaad ayey qaar ku dareen oo ay u bixiyeen (political religion). Cilmibaaris kala duwan oo la sameeyey ayaa qolo walbaa meel ku dhufatay, iyagoo isku dayaya in ay ogaadaan sababaha dhaliya in aanay waddamo badan dimuqraaddiyaddu ka hano qaadin. Qaar ayaa Islaamka ka dhigay, halka ay Kiristaannimada saldhig uga dhigeen dhalashada dimuqraaddiyadda. Kuwo kale ayaa meelo kale u saaray iyo in laga yaabo in ay keeni karto qaab-nololeedka bulshada iyo saameynta ay bulshadaa ku yeelan karaan deegaanka ay ku nool yihiin iyo cimilada ku hareeraysan.[110]

Samuel Huntigton, qoraaga buugga *The Clash of Civilizations*, isagoo ka hadlaya sababaha ay dimuqraaddiyaddu uga dhaqan geli weydey deegaanno badan ayuu sheegay in ay arrimahaa ka mid yihiin kuwo dhaqaale, siyaasadeed iyo dhaqan. Isagoo si gaar ah u soo qaadanaya Islaamka, kana dhigaya in uu Islaamku cadow u yahay dimuqraaddiyadda, ayuu ku tilmaamay sababta keenaysaa in Islaamka iyo dimuqraaddiyaddu iska hor yimaadaan ay tahay in aanu Islaamku kala saarin diinta iyo dawladda, ama arrimaha ruuxiga ah (spiritual) iyo maamulka (secular).[111]

Hadal badan ayaa laga keenay sidii Islaamka loo waafajin lahaa hannaanka dimuqraaddiyadda, qoraallo badanna waa laga sameeyey. Dooddaas iyo hadal-hayntaa ku saabsan Islaamka iyo dimuqraaddiyadda waxaa ka dhashay in ay soo baxaan ururro iyo xisbiyo badan oo magaca 'Islaamiyiin' ama 'Islaami Siyaasi' ah wata, kuwaa oo ka qayb galay doorashooyin ka dhacay waddammo badan oo Muslimiin ah. Kooxahaasi waa kuwo kala aragti duwan oo ku kala qaybsan aragtidaa is-haleeshiinta diinta iyo dimuqraaddiyadda. Mar kale ayaa dood cusubi bilaabantay, taas oo dhalisay in reer Galbeedka iyo inta la halmaasha isku qabtaan qeexidda xisbiga Islaamiga ah. Cabbirka

---

110 Michael M. (2007).
111 Joseph A. Massad (2015).

lagu kala saaro kooxahaasi waxay noqotay hadba sida ay u muujiyaan la falgalka hannaanka dimuqraaddiga ah iyo sida ay u tixgeliyaan qodobbada aasaaska u ah Dimuqraaddiyadda.[112]

Ereyga «Islaami Siyaasi ah» ama «Islaamiyiin» waa erey-bixin aan qarniyadii hore dunida laga aqoon. Ereyadani waxay adduunka si aad ah ugu baaheen xilligii kacdoonkii Iiraan ee uu Khumeyni hoggaaminayey, sannadkii 1979. Dhaqdhaqaaqaa Iiraan waxaa lagu sheegaa in uu ahaa kii ugu horreeyey ee dhisa dawlad magac Islaam wadata oo ka talisa dawlad xilligan casriga ah joogta. Xilligaa ka dib, waxaa dunida ka aasaasmey xisbiyo in ay Islaamiyiin yihiin sheeganaya. Aragtidan cusub waxay salka ku haysaa kacdoonkii ay bilaabeen dhaqdhaqaaqyadii dunida Islaamka ka bilowdey xilligii ay dhacday dawladdii Islaamka ee Cismaaniyiinta.[113] Ilo kale ayaa waxay qabaan in soo bixiddii Islaami Siyaasi ah ay ka dambeeyeen kooх aqoonyahanno ah oo ay ka mid ahaayeen Jalaaluddiin Afgaani, Maxammed Rashiid Ridaa iyo Maxammed Cabdoo. Waxay bilaabeen qorshe-siyaasadeed cusub oo dibuhabeyn loogu sameynayo qaabkii dhaqaale, siyaasadeed iyo nololeed ee bulshada Muslimiinta ee xilligaa, kuwaasoo ku noolaa nolol adag.[114]

Ururkii ugu horreeyey ee ku dhawaaqay soo celintii dawladdii Islaamka ee burburtay 1924 wuxuu ahaa ururka Ikhwaanul Muslimiin oo la unkay afar sano ka dib markii ay dhacday dawladdii Muslimiinta ee Cismaaniyiintu. Ururka waxaa qorshe u ahaa inuu nidaamka dawladnimo hoos ka soo dhiso; laga soo bilaabo qofka, qoyska, ilaa laga gaaro in la dhiso dawladdii Islaamka aheyd ee Muslimiinta oo dhan mataleysey.[115] Dhammaadkii Lixdameeyadii ayaa waxaa abuurmay kacdoonkii loo bixiyey Baraarugga Islaamka oo ay ka soo

---

112 Chiara F. (2012).
113 Olivier R. (2017).
114 Mohanad Mustafa & Ayman Talal Yousef. (2013).
115 Hassan Al Mansoori. (2015).

dhex baxeen kooxo danta guud wadaaga hase ahaatee kala aragti duwan, dhammaantoodna ka duulaya halkudhiggii ahaa in la soo celiyo dawladdii Islaamka ee burburtay. Bilowgii toddobaatameeyadii ayaa ururweynihii Ikhwaanul Muslimiin waxay wax ka beddeleen qorshihii u degsanaa ee ay dawlad Islaam ah ku dhisi lahaayeen. Waxay goosteen in ay aqbalaan hannaankii dimuqraaddiyadda, doorashooyinkana ka qayb qaataan. Tallaabadaa waxay kala kulmeen canbaareyn iyo eedo uga yimid ururradii kale ee ka go'ay, gaar ahaan ururkii la baxay Jamaaca Alislaamiya.[116]

Kooxahaa ka dhashay Baraaruggii soo celinta dawladdii Islaamka waxay yeesheen magac guud oo kulmiya, waxaana loogu yeeraa kooxaha Islaamiyiinta. Kooxahaas qaarkood waxaa lagu sheegaa in ay yihiin kuwo aan siyaasad daneyn laguna sheego in ay sal u yihiin qaabeynta aragtida siyaasadeed ee bulshada, yoolkooduna yahay in ay bulshada ku ababiyaan dhaqanka iyo manhajka saxda ah ee Islaamka. Qaar waxay u arkeen in xoog iyo awood ciidan la isticmaalo dagaalna looga hor tago cadowga Islaamka. Koox kale waxay qabtaa in siyaasadda iyo hoggaanka bulshada laga qaybgalo, wax-katagna la sameeyo, si danta la leeyahay loo gaaro. Waxaa loogu yeeraa Dhaqdhaqaaqa Islaamiyiinta Siyaasiga ah (Islamist political activism). Kooxdan waxaa matala ururweynaha Ikhwaanu Muslimiin, waxayna qaateen in ay noqdaan urur siyaasi ah, qaab doorasho ahna ku gaara xukunka. Masar waxay ka qayb qaateen doorashadii 1984, halka Tuuniisiya iyo Yemen iyo waddammo kalena ay furteen ururro siyaasi ah.[117]

Ururradaa Islaamiga ah ee ka abuurmay dunida Muslimka ee ka qayb galay loollankii siyaasadeed waxay sameeyeen wax-ka-tag badan, si ay tartan ula galaan ama xulufo ula noqdaan ururradii kale ee aan Islaamiga aheyn ee waddammadaa ka jirey. Qaarkood waxay ku biireen xisbiyadii mucaaradka, iyagoo maamulladii jirey culeys ku

---

116 Ana Bele'n S. (2009).
117 Ewan S., Frédéric V., Fabio M., Kawther A. and Larissa A. (2014).

saarey kana dalbadey hannaan dimuqraaddi ah in ay sameeyaan. Ururro badan oo Islaami ah oo sidoo kale ka dhismay qaybo ka mid ah waddammadii Muslimiinta ayaa qaarkood waxay xulufo la galeen xisbiyo calmaani ah, sida Bakistaan, Induuniisiya iyo Turkiga.[118]

Tallaabooyinkaa ay ururrada Islaamigu qaadeen kalsooni ugama helin reer Galbeedkii oo uu Maraykanku hor boodayey. Iskaba daaye, Reer Galbeedkii waxay bilaabeen hab cusub oo ay ku kala shaandheynayaan ururrada ama xisbiyada Islaamiyiinta ah. Waxay dajiyeen qorshe lagu kala hufo dhaqdhaqaaqaa Islaamiyiintu hor kacayaan. Waxay bilaabeen in ay ururradaa soo kala dhoweystaan, intii siyaasaddooda la jaanqaadi kartana ay isku xir hoose u sameeyaan, uguna yeeraan Muslimka qunyar-socodka ah (Moderate Muslim). Waxay u sameysteen halbeeg lagu kala saaro, si ay u kala ogaadaan kuwa la isku halleyn karo iyo kuwa kale. Halbeeggaas waxaa ugu horreeya in kooxdaas ama qofkaasu taageersan yahay hay'adaha caalamiga ah ee u dooda xuquuqda dadka. Sidoo kale, inuu oggol yahay xorriyadda diinta, sinnaanta dhan walba ah ee ragga iyo dumarka, maamul calmaani ah in la qaato, Quraanka iyo Sunnaduna in aanay xilligan casriga ah la jaanqaadi karin. Intaa loogama haree wareysi gaar ayaa laga qaadaa, waxaana loo diyaariyaa su'aalo lagu hubinayo sida uu mabda'a daacad ugu yahay.[119]

Dhanka kale, qolooyin kale ayaa ka hor yimid eedahaa Islaamka loo jeediyey ee lagu tilmaamay in Islaamku yahay diin aan lagu lammaaneyn karin lana jaanqaadi karin dimuqraaddiyadda. Eedda fahamkaa khaldan ee Islaamka laga qaatay waxay dusha u saareen culimo ka mid ah culimada Muslimiinta oo lagu yaqaan in ay dimuqraaddiyadda duraan. Waxay sheegeen in ay culimmadaasu qaybo kooban oo Quraanka ka mid ah soo qaataan, intii kalena ay iska indho tiraan. Islaamka haddii si fiican loogu dhabbo galo, in

118 Mohammed Ayoob (2006).
119 Angel R., Cheryl B., Lowell H. S. and Peter S. (2007).

Shareecada iyo dimuqraaddiyaddu is qaadan karaan ayey ku doodeen, iyagoo cuskanaya aayadda suuradda Shuuraa ee tilmaamaysa in Islaamku wadatashi ku dhisan yahay. In loo kaadiyo Muslimiinta, ugu dambeynna ay dimuqraaddiyadda qaadan doonaan, sidii Kaniisadduba u noqotay matoorkii dimuqraaddiyadda riixayey, ayey qolo kale ku taliyeen.[120]

Heshiisiinta Islaamka iyo dimuqraaddiyadda waxaa iyana kaalintooda ka qaatay aqoonyahanno Galbeedka wax ku bartay, magacna ku leh qaybo dunida Muslimka ka mid ah. Waxay soo jeediyeen in dibuhabeyn lagu sameeyo fahamka Shareecada Islaamka, si loo helo hannaan la qabsan kara ilbaxnimada cusub ee dunida ka hano qaadday. Waxay ku baaqeen in loo baahan yahay kacdoon la mid ah kii Borootastanka, si loo gaaro isu-keenid Islaamka iyo calmaaniyadda dimuqraaddiga ah. Qayb ka mid ah kuwa ololahaa wada ayaa fagaarayaashaa ka sheegay in aanay suurtagal aheyn in hal meel la isugu keeno labada awoodood ee kala ah midda diinta iyo siyaasadda. Arrinkaasu inuu ku ekaa xilligii Nabiga NNKA oo uu isku darsaday hoggaamiye diineed iyo mid siyaasadeed, cid kalena aanay suurtogal u aheyn ayey qalinka ku duugeen.[121]

Nin buka boqol u talisaye, qolo kale ayaa keentay aragti kale oo aan kuwii hore wax weyn ka fogeyn. Waxay ku taliyeen in la mataaneeyo Islaamka iyo calmaaniyadda dimuqraaddiga ah. In meel dhexe la isugu yimaado, labada awoodoodna is tixgeliyaan. In dawladdu jiritaanka diinta oggolaato, wadahadal iyo isu soo dhawaanshana la abuuro. Calmaaniyadda sidaas ah waxaa loo bixiyey «Calmaaniyadda qunyar-socodka ah» ama «nugul» (passive secular). Qolo kale ayaa keentay aragti tan aan ka dheerayn oo lagu mataaneyn karo Islaamka iyo Calmaaniyadda waxayna ugu yeereen «Calmaaniyo-waaxeed/xigeen» (Quasi-secular). Dawladaha hannaankan qaatay waxaa tusaale loogu

---

120 Irfan A. (2011).
121 Lily Zubaidah R. (2011).

soo qaataa Malaysiya oo lagu sheego in aanay dawlad diineed aheyn
(theocratic), dawlad calmaani ahna aanay aheyn oo ay tahay dawlad
muq-shabeel calmaani-waaxeed ah (Hybrid Quasi-secular), lehna
gole shacab oo si dimuqraaddi ah lagu soo doorto.[122]

Qorayaal reer Galbeed ah ayaa qaba in dimuqraaddiyadda dunida
ka jirtaa ay leedahay qeexid iyo qaabab kala duwan, qolo walbana
ay ku sargoyso dhaqankeeda. Haddii la eego qaabka Islaamku u
dhisan yahay, sida wadatashiga, in ummaddu wixii ay isku raacdo la
tixgeliyo (ijmaac), qofku inuu haysto madaxbannaani, inuu aragtidiisa
dhiiban karo (ijtihaad) iyo kuwa la mid ahi waxay muujinayaan in
dimuqraaddiyaddu ay horay uga jirtay dunida Muslimka, yaananba
erey ahaan loo isticmaaline. Waxay sheegeen in reer Galbeedku rabaan
in dimuqraaddiyadda loo qaato, loona qeexo sida ay iyagu doonayaan.
Waxay tilmaameen in ay aheyd in bulsho walba ay u daayaan in ay
jaangoostaan dimuqraaddiyadda dhaqankooda la jaanqaadi karta,
yaanayba si kasta u waafaqin midda Galbeedka taal e.[123]

Doodahaa kala duwan ee laga bixiyey Islaamka iyo dimuqraaddiyadda
iyo siyaasaddii reer Galbeedka ee kala soka-marsiga iyo kala-qaybinta
ku dhisneyd ayaa waxay ku keentay ururro badan oo ka mid ah kuwa
loogu yeero «Islaamiyiin» in ay dibu-eegis ku sameeyaan aragtidoodii
iyo qorshahoodii siyaasadeed. Ururkii Ikhwaanu Muslimiin ee Masar
ayaa ka mid ahaa ururradii tallaabadaa qaaday. Sannadkii 2004 ayuu
ururku soo saaray bayaan uu ku muujinayo isbeddel siyaasadeed
oo gogolxaar u ahaa doorashadii 2005. Isbeddelkaasu wuxuu ahaa
dibushaandheyn qaybo ka mid ah aragtidii ururka, ujeeddaduna
aheyd sidii mbda'a islaamiga ah ee ururka iyo dimuqraaddiyadda loo
lammaaneyn lahaa. Bayaanka waxaa saldhig u ahaa mid uu ururku
bartamihii sagaashameeyadii soo saarey. Bayaanku wuxuu ka koobnaa
qodobbo badan oo taabanaya qaybo kala duwan oo dastuurkii

122 Lily Zubaidah R. (2011).
123 David B. (2007).

kooxda ah, sida siyaasadda, dhaqaalaha, waxbarashada iyo arrimaha bulshada. Waxay bilaabeen olole siyaasadeed oo ay dawladdii jirtey ku cadaadinayaan in ay sameyso isbeddel dhanka siyaasadda ah iyo hannaan dimuqraaddi ah, iyagoo u arkayey in arrinkaasu yahay jidka kali ah ee ay maamulka ku gaari karaan, rajo weynna ka qaba in ay doorashooyinka ku guuleystaan.[124]

Dabacaa siyaasadeed iyo wax-ka-taggaas ay sameeyeen ururradii Islaamiyiintu bedbaado ugama ay helin maamulladii jirey. Waxay kala kulmeen dawladihii jirey oo intooda badani gacansaar la lahaa reer Galbeedka dil, xabsi iyo masaafurin. Sidoo kale, u ololeyntii dimuqraaddiyadda gacan kagama aanay helin waddammadii reer Galbeedka ee sheegan jirey in ay garab siiyaan ururrada u ololeeya dimuqraaddiyeynta.

Dhan kale haddii laga eego, qaybo ka mid ah ururrada Islaamiyiinta ee ku qancay in ay xukunka u maraan nidaamka dimuqraaddiyadda ayaa ku dooday in dimuqraaddiyaddu aanay aheyn mabda'a ama dastuur ee ay tahay aalad ama jid siyaasadeed oo xukunka lagu gaaro. Dimuqraaddiyaddu in ay tahay hannaan talawadaag ah bulshaduna madaxdooda dooraneyso, waxa ka soo horjeeda dimuqraaddiyaddana uu yahay maamulka kaligi-taliska ah. Sidaa darteed, markii dhankaa laga eego, ma jiraan wax iska horimaad ah oo u dhexeeya Islaamka iyo dimuqraaddiyadda.[125]

Riyadaas waxay beenowdey (in dimuqraaddiyadda laga dhigto waddo maamulka loo maro) markii xisbigii Islaamiga ahaa ee FIS uu ku guuleystey doorashadii ka dhacday Aljeeriya, sannadkii 1991. Dhammaan dawladihii Galbeedku waxay taageereen afgambigii ciidammadu hoggaaminayeen ee lagu sameeyey xisbigii Islaamiga ahaa ee sida dimuqraaddiyadda ah lagu soo doortay. Afgambigaa waxaa

---

124 Mohanad Mustafa & Ayman Talal Yousef. (2013).
125 Cabdurrasaaq Ciid (1999).

xigay in xisbigii la kala diray, madaxdiisiina la xirxiray. Sidoo kale, Yurub iyo Galbeedkuba waxay ka cago jiideen in ay aqoonsadaan doorashadii Falastiin ka dhacday 2006 ee ay Xamaas ku guuleysatey.[126]

Kacdoonkii loogu magac daray «the Arab Spring» ee 2010 wuxuu keenay isbeddel siyaasadeed oo aan la fileyn. Wuxuu xididdada u siibay maamullo kaligi-talis ahaa, sida Tuuniisiya, Masar, Liibiya iyo Yaman, kuwa kalena wuxuu ku sandulleeyey in ay furfurnaan siyaasadeed la yimaadaan. Ururradii Islaamiyiinta ee waddammadaa ka jirey, gaar ahaan kuwii ururweynaha Ikhwaanu Muslimiinka ku abtirsanayey, waxay kacdoonkaa ku soo jiiteen indhihii bulshada, waxayna noqdeen awooddii kacdoonka gadaal ka riixaysey, saameyn muuqatana ku yeeshay kicintii dadweynaha. Ururradaa qaarkood waxay fursad u heleen in ay ka qayb galaan doorashooyinkii kuna guuleystaan, sida Masar, Tuuniisiya iyo Marooko, halka Liibiya iyo Yaman ay ku dhex milmeen dagaalladii sokeeye.[127]

Guushaa ay gaareen qaybo ka mid arurradii Islaamiyiinta ahaa, gaar ahaan Masar iyo Tuuniisiya, waxay welwel ku abuurtay xisbiyadii calmaaniyiinta ahaa ee waddamadaa ka jirey iyo waddammadii reer Galbeedka. Maamulladii ay dhiseen xisbiyadii Islaamiga ahaa ma aanu raagin. Qaarkood waa la afgambiyey, madaxdoodii iyo taageerayaashoodiina mid la dilo ama la xiro ama qaxa ayaa laga dhigay, sida Masar. Kuwo kale xukunkii ayaa laga tuuray, sida Tuuniisiya, qaarna burbur iyo kalaqaybsan ayey qarka u fuuleen, sida Joordan. Kuwo ayaa ku dhex lumay dagaalladii sokeeye sida Liibiya, Yaman iyo Suuriya. Dhibkaa qabsadey Ikhwaankii reer Masar wuxuu cashar u noqday ururro kale oo ay isku aragti ahaayeen, sida Marooko iyo Kuweyd. Kooxahaasi waxay qaateen go'aanno dhexdhexaad ah, iyagoo iska ilaaliyey wax kasta oo keeni kara isku dhac dhex mara iyaga iyo

---

126 Amel Boubekeur (2007).
127 Olivier R. (2017).

maammulladii jirey. Waxay sameeyeen qorshe ay ku ilaalin karaan jiritaankooda, iyaga oo aan ka wada tagin mabda'oodii guud.[128]

Guuldarradii Islaamiyiintii Masar iyo afgambigii madaxweynihii la doortay waxay ku abuureen ururradii Islaamiga ahaa cabsi weyn oo ay ka qabaan aayahooda dambe. Waxaa soo baxday in waxa ay reer Galbeedku ka doonayaan xisbiyada Islaamiyiinta ah aanay aheyn oo kaliya in ay doorashadooyinka uga qayb galaan si dimuqraaddiyad ah, laakiin ay jiraan shuruudo kale oo laga doonayo in ay fuliyaan. Arrinkaasu wuxuu keenay in ay mar kale dib isugu noqdaan oo ay raadiyaan xal kale oo ay ku qaboojiyaan kacdoonkii calmaaniyiinta iyo reer Galbeedku dabada ka riixayeen.

Tallaabooyinkaa dib isugu noqoshada ah ururkii ugu horreeyey ee qaaday wuxuu ahaa xisbiga Annahda ee Tuuniisiya. Si ay u helaan kalsoonidii reer Galbeedka iyo ururradii calmaaniyiinta ee Tuunisa, guddoomiyihii ururka, Rashiid Qanuushi, wuxuu ku dhawaaqay inuu xisbigu qaatay siyaasad cusub iyo astaan cusub, isaga oo ka cararaya magaca 'Islaamiyiin' kuna doodaya in magacaa ay muuno tireen ururro xagjir ah. Wuxuu ku dhawaaqay inuu xisbigu qaatay magac iyo astaan u dhigma kuwo ay qaateen xisbiyo caan ah oo Yurub ka dhisan, sida xisbiga Jarmalka ka taliya ee lagu magacaabo Germany's Christian Democratic Union. Sidaa darteed, Annahda ay isku beddeshay xisbi siyaasi ah oo wata magaca Muslim Democratic Party oo kulminaya xeerarka (principles) dimuqraaddiyadda iyo anshaxa Islaamka (Islamic value).[129]

Annahda waxay cagta saartay waddadii calmaaniyadda, si cad ayeyna ugu dhawaaqday in hannaanka dawladnimadu uu noqdo mid calmaani ah. In kasta oo meelo badan laga soo dhaweeyey aragtidaa xisbigu qaatay, dhanka kalena wuxuu la kulmay gadood iyo

---

128 Shadi H. William Mc. And Rashid D (2017).
129 Sayida Ounissi. (2016).

diidmo taageerayaashiisa uga timid. Sidaas oo ay tahay, xisbigu kuma bedbaadin in uu iskala mid dhigo oo isu ekeysiiyo xisbiyada magaca Christian Democratic wata ee Yurub ka jira. Yurub iyo Galbeedkuba waxay qaateen dimuqraaddiyad calmaani ah; dhan siyaasadeed, mid maamul iyo dhanka bulshadaba. Ma ahan oo kali ah in ay diinta iyo maamulka kala saareen, dhanka bulshada; dhaqan ahaan iyo anshax ahaanba, waxay noqdeen calmaaniyiin. Qofku diinta uu doono ayuu qaadan karaa, haddii uu doono diin la'aan ayuu noqon karaa, ciddii uu doono, rag iyo dumar, ayuu nolol la wadaagi karaa. Sidaa darteed, Annahda iskuma dhererin karto iska lamana mid dhigi karto xisbiyada magaca Kiristanka wata ee Yurub ka jira, kuwaa oo maamul ahaan iyo bulsho ahaanba qaatay mabda'a Calmaaniyadda. Waxaa la is weyddiiyey inuu ururku oggolaanayo sinnaanta dhan walba ah ee ragga iyo dumarka, inuu yeelayo xorriyad dhanka galmada ah oo gogoldhaaf iyo wax «sino» la yiraahdo aaney jirin, uu banneynayo in ay labo nin ama dumar ah isu galmoon karaan oo ay qoys noqon karaan.[130]

Mabda'a dimuqraaddiyaddu wuxuu ku dhisan yahay labo tiir. Midka hore, in la doorto ciddii waddanka maamuli laheyd, tiirka labaadna waa xeerka iyo sharciga la isku xukumayo cidda go'aankeeda iska leh. Galbeedku labadaa tiirba waxay ka dhigeen xaq ay bulshadu leedahay. Iyaga ayaa dooranaya madaxdooda, xeerkaa iyo qaanuunka waddanka lagu dhaqayana iyagaa la weyddiinayaa. Islaamku wuu kala saaray labadaa tiir. Sharciga iyo xeerka lagu dhaqmayo waxaa laga qaadanayaa Shareecada Islaamka, hoggaanka siyaasaddana ummadda ayaa dooraneysa.[131] In kasta oo aanu Islaamku labadaa tiir ee dimuqraaddiyadda wada diiddaneyn, Shareecaduna aanay dadka ka hor istaagin in ay doortaan madaxdooda, haddana waxaa jira marar aanay dadku cod ku laheyn doorashada hoggaamiyaha ummadda,

---

130 Olivier R. (2017).
131 Salaax As-saawi (2011).

sida aan gadaal ka arki doonno. In dadka codkooda la weyddiiyaa waa qaab ka mid ah qaababka madaxda lagu doorto.

Islaamku waa mabda' dhammeystiran oo aan u baahneyn in wax lagu daro, waxna laga reebo. Sharciga iyo xeerka la isku dhaqayo waa shareecada Islaamka, bulshaduna cod kuma lahan oo kama tegi karto. Sidaa darteed, waxaa la dhihi karaa, Islaamka iyo dimuqraaddiyaddu waxay inta badan isla oggol yihiin hal qodod oo ah in shacabku ay madaxdooda dooran karaan. Waxay isku diiddan yihiin sharciga waddanka lagu dhaqayo cidda dooranaysaa cidda ay tahay. Bulshada Muslimka ahi waxay qabtaa in sharcigii ay ku dhaqmi lahaayeen uu Alle u soo dejiyey. Dimuqraaddiyadda Galbeedku ma oggola arrinkaa, waana in dadku doorto waxa ay ku dhaqmayaan.

Waxaan isku dayeynnaa in aan shax ku muujinno waxa ay ku kala duwan yihiin Islaamka iyo dimuqraaddiyaddu, annagoo saldhig uga dhigaynna macnaha soo hoos gelaya labada tiir ee lagu qeexay ereyga dimuqraaddiyadda. Labadaa tiir waa in bulshadu doorato madaxdooda iyo in ay doortaan sharciga lagu maamulayo. Haddii la faahfaahiyo, waxaa laga dhigi karaa shan qodob oo kala ah : 1) in ay bulshadu hannaan iyo kala dambeyn yeelato (maamul), 2)in la doorto ciddii kala dambeyntaa ka shaqeyn laheyd (maamule), 3) cidda wax dooraneysa (doorte), 4) wax lagu dhaqmo oo lagu kala baxo inuu jiro (sharci ama xeer) iyo 5) sharcigaa ama xeerkaa cidda dajineysa (sharcidejin).

Shaxda koowaad:
Kala duwanaanta u dhaxaysa Islaamka iyo Dimuqraaddiyadda

	ISLAAMKA	DIMUQRAADIYADDA
MAAMUL	Islaamku wuxuu qabaa in kala dambeyn la helo.	Dimuqraadiyaddu waxay qabtaa in kala dambeyn la helo.
MAAMULE	Islaamka wuxuu qabaa in bulshadu hesho ciddii maamuli laheyd.	Dimuqraaddiyaddu waxay qabtaa in bulshadu hesho ciddii maamuli laheyd. Ma qabto in qoysku uu hoggaan yeesho.
DOORTE	Islaamku mar isagaa doora cidda hoggaanka qabaneysa, marna bulshadu kaalin ayey ku leedahay; laga bilaabo qoyska, labo qof ama koox dad ah ilaa bulshaweynta.	Bulshada ayaa doorata cidda hoggaanka qabaneysa.
SHARCI	Islaamku wuxuu qabaa in ay bulshadu yeelato sharci ay ku dhaqanto, iskuna xukunto.	Dimuqraaddiyaddu waxay qabtaa in ay bulshadu yeelato sharci ay ku dhaqanto, iskuna xukunto.
SHARCIDEJIN	Islaamku wuxuu qabaa in sharciga lagu dhaqmayo uu noqdo midka Alle soo dajiyey.	Dimuqraaddiyaddu waxay qabtaa in ay bulshadu doorato sharciga ay ku dhaqmeyso.

Marka loo dhabbagalo qodobbada ay shaxdu muujineyso, waxaa soo baxaya in Islaamka iyo dimuqraaddiyaddu ay isku raacsan yihiin in la helo shantaa qodob ee shaxda lagu soo bandhigay. Labaduba waxay qabaan in ay bulshadu maamul iyo kala dambeyn hesho. Islaamku si cad ayuu u sheegay, dimuqraaddiyaddana dastuurkooda iyo waxa u degsan ayaa muujinaya.

Maamule ama hoggaamiye ummadda haga in la helo waa arrin Islaamka lafdhabar u ah. Islaamku wuxuu diidey in bulsho meel isugu timid ay maamul la'aan ahaato. Taa iskaba daaye, labo ama saddex ruux haddii ay socod gelayaan midkood in ay doortaan ayuu Islaamku boorriyey.[132] Sidoo kale, in qoysku yeesho horjooge looga dambeeyo talada reerka. Dimuqraaddiyaddu way qabtaa in ay bulshadu hoggaan yeelayo. Wixii intaa ka soo hara, sida qoyska, wax kala dambeyn iyo maamul ah dimuqraaddiyaddu uma sameyn, labada lammaanana way u siman yihiin maamulka reerka.

Islaamku mar isagaa doora cidda wax hoggaamineysa, marna bulshada ayaa door loo siiyaa in ay doorato. Alle rusul ayuu ummadaha u soo diray, iyaga ayaana hoggaamiyayaal ahaa, kolalna bulshadu cod ayey ku yeelataa cidda maamuleysa. Way dhacday in hoggaamiyihii hore uu cid magacaabo, sida Abuu Bakar sameeyey, Alle raalli ha ka noqdee. Koox la doortay in ay qof iska dhex doortaanna way dhacday, sidii uu Cumar yeelay, Alle raalli ha ka noqdee, in bulshada cod la weyddiiyana way dhacday, sidii Cuthmaan iyo Cali, labadoodaba Alle raalli ha ka noqdee, lagu kala saaray. Sida asalka ah, hoggaamiyaha bulshada waxaa dooranaya cidda aqoonta, caqliga iyo garashada leh. Qoyska Muslimka ah odayga reerka ayaa hoggaamiye Islaamku uga dhigay.

Dimuqraaddiyaddu waxay qabtaa in ay bulshadu doorato, qof ama xisbi, ciddii maamuli laheyd. Sida xilliyadan dhacdaba, dhowr qof ama dhowr urur ayaa madaxtinnimada ku tartama, koox walibana bulshada waxay u soo bandhigtaa qorshahooda iyo waxa ay doonayso in ay bulshada u qabato. Cidda bulshadu u badato, siyaasaddoodana ay la dhacdo ayaa waddanka hoggaamisa. Cidda wax dooraneysa looma eego caqli iyo garasho toona.

Maraykanka qaabka loo doorto madaxweynaha way ka duwan tahay sida waddammada kale u doortaan xisbiga ama ruuxa waddanka hoggaaminaya. Madaxweynaha Maraykanka waxaa doorta 538

---

132 Maxammed Naasuruddiin Albaaniyi. (1995). إذا خرج ثلاثة في سفر فليؤمّروا
(أحدهم)

xubnood oo isugu jira golaha wakiillada iyo kan odayaasha (senators), loona yaqaan (electoral College). Dadweynuhu marka ay codkooda dhiibanayaan toos uma dooranayaan madaxweynaha ee waxay dooranayaan golihii madaxweynaha dooran lahaa. Tartamihii ka hela 270 cod 538-da xubnood ayaa madaxtinnimada ku guuleysta.

Waxaa laga yaabaa in labada qof ee tartamaya uu midkood ku guuleysto codka dadweynaha, midka kalena codka golaha doorashada. Haddii ay sidaa dhacdo waxaa guuleysanaya midka hela codka golaha doorashada, sidii dhacday doorashadii sannadkii 2000 ee Goerge Bush iyo Algore. Algore wuxuu ku guuleystey codka dadweynaha, Bush-na kii golaha doorashada.[133] Arrinkaa oo kale wuxuu mar kale dhacay doorashadii ugu dambeysey ee Donald Trump iyo Hillary Clinton ee 2016. Hillary waxay ka sarreysey Trump codka dadweynaha in ku dhow 3 malyan, isaguna wuxuu ka badnaa codka golaha doorashada, isaga ayaana madaxweyne noqday.

Marka loo dhabbagalo qaabka doorashada ee Maraykanka, waxaa ka muuqata in madaxweynaha ay dooranayaan dad xul ah ee aanay shacabku toos u dooran. Shacabku xubnahaa wakiilka ka noqonaya ayey doortaan, xubnahaasuna iyaga ayaa madaxweynaha doorta. Dhan marka laga eego, waxay u yare dhow dahay qaabkii Islaamka ee ahaa in hoggaamiyaha ay doortaan dad xul ah, dhanka kalena waxaa ka muuqata in dadweynuhu, wax-garad iyo waxma-garatoba, ay doorashada saameyn ku leeyihiin mar haddii ay dooranayaan xubnahaa matalaya.

Ummaddu in ay leedahay nidaam iyo sharci ay raacdo waa lagama maarmaan. Ciddii doonta ha u dajisee, bulsho kasta oo meel ku wada nooli waxay leedahay xeer iyo sharci ay ku dhaqanto. Islaamka iyo dimuqraaddiyadduba waxay qabaan in bulshadu sharci ay ku dhaqanto ay u baahan tahay. Alle Kitaabkiisa wuxuu ku sheegay in cid walba uu

---

133 Huffpost. (2012), Telegraph Reporters. (2017).

u yeelay sharci iyo jid ay raacaan, sida ay caddeynayso aayadda 48[aad] Suuradda Al-maa'ida, "لِكُلّ جَعَلْنَا مِنْكُمْ شِرْعَةً وَمِنْهَاجًا". Dimuqraaddiyadda waxaa sharci u ah waxa ay isku raacaan, ama ay u bataan.

Cidda sharci-dejinta iska leh waa meesha ay ku kala tageen Islaamka iyo Dimuqraaddiyaddu. Islaamku waa diin dhammeystiran oo Alle ummadda ugu soo dejiyey in ay ku dhaqmaan oo ay isku maamulaan. Dhan kasta oo nolosha bulshada ah; haddii ay noqon laheyd hoggaanka, garsoorka, heshiisyada, arrimaha bulshada, guurka, wax-is-weydaarsiga iwm, Islaamku wuxuu u dejiyey hannaan dhammeystiran oo loo raaco. Sidaa darteed, cidda Muslimiinta sharciga u dejisaa waa Alle. Ka soo horjeedka, dimuqraaddiyadda waxaa sharci u ah waxa ay dadku isku raacaan, iyada oo aan diin loo eegin. Waa dhab in waddan kastaa aanu ka boodsaneyn dhaqankooda iyo waxa ay rumeysan yihiin, haddana sida la sheegaa waa inaan diin iyo rumeysnaan lagu xirin.

Qodobkani waa midka dagaalka iyo hardanka adagi ka jiro, qolooyin badan oo dimuqraaddiyadda u ololeeyaana ay maarada u waayeen. Si kasta oo wax la yeelaba, afarta qodob ee hore wax baa la isu ekeysiin karaa, meelaha qaarna waa la isaga soo jiidi karaa, laakiin qodobkan sharci-dejintu wuxuu noqday halbeegga Muslimka dhabta ah iyo Muslim-la-moodka lagu kala saaro. Waa qodobka salka u ah doodda taagan ee halku-dhiggeedu yahay 'Islaamka iyo dimuqraaddiyadda ma la is-haleeshiin karaa?' ee qolo waliba meel ku dhufatay.

Si guud haddii loo eego, iyadoon hoos loo daaddegin, waxaa la oran karaa qodobka koowaad, labaad iyo afraad wax weyn oo kala duwanaan ahi kama muuqdaan. Labada dhinacba way oggol yihiin in maamul jiro, ciddii maamuli laheyd la helo, sharcigii lagu dhaqmi lahaana loo dejiyo. Cidda wax dooraneysa meelo badan oo muhiim ah ayey ku kala duwan yihiin. Islaamku wuxuu qabaa in aanay bulshada keli ah aheyn cidda wax dooraneysa, madaxtinnimada qaarna uu Alle magacaabo, cidda wax dooraneysana tilmaamo iyo shuruudo ayuu Islaamku u yeelay. Dimuqraaddiyaddu awoodda doorashada

76

oo dhan bulshada ayey siisay, haba jireen meelaha qaar oo shuruudo loo dajiyey sida da'da qofka wax dooran kara. Sida muuqata, waa qodob in badan la isku diiddan yahay ka qodob ahaanba ha la isla gartee. Aragtideyda, haddii si hoose loo eego boqolkiiba konton (50%) waxbaa la isla oggol yahay.

Qodobka ugu dambeeya waxaa laga fiirin karaa labo dhinac. Haddii laga eego dhanka ah in ay dimuqraaddiyaddu tixgeliso ummaddu waxa ay xeer ama sharci ahaan u doorato, waxaa soo baxaya in ay taageersan tahay haddii waddan doorto in Shareecada Islaamka la isku maamulo. Haddiise laga eego dhanka cidda sharci-dejinta iska leh, iyada iyo Islaamku boqolkiiba boqol (100%) way iska soo horjeedaan. Islaamku sharci-dejinta Alle keliya ayuu u oggol yahay, dimuqraaddiyadduse bulshada ayaa iska leh.

Haddii aan boqolley isticmaalno, waxaan soo saari karnaa inta boqolkiiba ay is oggol yihiin ama is diiddan yihiin Islaamka iyo dimuqraaddiyaddu. Xisaab ahaan haddii aan u beddelno sidan ayey noqneysaa:

5 qodob x 100 (qodobkiiba boqol dhibcood ayaan ka soo qaadnay) = 500

3 qodob oo kala ah 1^{aad}, 2^{aad} iyo 4^{aad}d way isku waafaqeen, isku darkooduna waa 300 oo dhibcood, qodobka 4^{aad}na 50 dhibcood ayey isku waafaqeen. Isku darka guud waa 350 dhibcood.

Hal qodob oo ah kan 5^{aad} way isku maan dhaafeen, waana 100 dhibcood, kan 4^{aad}na 50 dhibcood ayaa la isku diidey. Isku darku waa 150 dhibcood.

Si aan u helno boqolkiiba inta la isla oggol yahay iyo inta la isku maandhaafsan yahay, waxaan isticmaaleynaa boqolley:

Inta la isla oggol yahay: 350/500 x 100 = 70%.
Inta la isku diiddan yahay: 150/500 x 100 = 30%.

Boqolleydu waxay noo soo saartay in Islaamka iyo dimuqraaddiyaddu aragtida guud ay toddobaatan boqolkiiba (70%) wax isla oggol yihiin, soddon boqolkiibana (30%) ay iska soo hor jeedaan. Waxaa muuqata in waxa boqolleydu noo soo saartay iyo doodda jirta ee ku saabsan Islaamka iyo dimuqraaddiyadda aanay is lahayn. Waxay aheyd in la yiraahdo, 'Islaamka iyo dimuqraaddiyaddu inta badan way israacsan yihiin, sidaa darteed inta yar ee la isku diiddan yahay ha laga wada hadlo.' Sidaa maanay dhicin ee waa la dabo geddiyey, intii yareyd ayeyna ishu qabatay, intii badneyd ee la isla oggolaa ee ay aheyd in la tixgeliyana waa la arki waayey. Toloow, tiradaa yari (30%) maxay uga culeys badatay middii badneyd (70%)?

Sidii aan soo xusnay, waxaa jira ururro Islaami ah oo maray jidkii dimuqraaddiyadda, doorashooyinkii waddammadaana ku guuleystey, sida Aljeeriya iyo Masar, laakiin aan calfan. Waxa loogu dawgalay ma aheyn in ay musuqmaasuq sameeyeen ama jidkii dimuqraaddiyadda aanay doorashada ku helin. Waxaa lagu haystey islaannimada iyo in ay doonayaan in ay Islaamka dastuur ka dhigtaan. Dhacdooyinkaa iyo kuwo kaleba waxay caddeynayaan in waxa la isku diiddan yahay uu yahay halka sharciga laga qaadanayo. Haddii dawlad Muslim ah aan madaxtinnimada loo marin jidkii dimuqraaddiyadda oo afgembi maamulka lagula wareego, laakiin maamulkaasu uu Islaamka ka fog yahay, Calmaaniyaddana u dhow yahay, inuu bedbaado ayey u badan tahay, mar haddii aanu danihii Galbeedka ka hor imaaneyn. Tusaale waxaa noogu filan sidii Aljeeriya iyo Masar ka dhacdey, Turkigana la isugu dayey sanadihii 1990, 2012 iyo 2016, sida ay u kala horreeyaan.

Weyddiintii aheyd in Islaamka iyo dimuqraaddiyaddu is qaadan karaan looma helin jawaab dhinacyada isku haya ay isku raacaan. Isweyddiintaasu waxay dhashay in la raadiyo astaamaha lagu garto diinta dimuqraaddiyadda ay is qaadan karaan. Waxaa lagu qeexay in ay tahay diinta aan maamulka iyo siyaasadda soo faragashan, oggol qodobbada gundhigga u ah dimuqraaddiyadda, diintuna ku koobnaato doorashada qofka. Qeexiddaasu waxay iyana keentay in la is weydiiyo in Islaamka iyo dimuqraaddiyadda la isu keeni karo. In labadooda la is haleeshiin karo waxaa ka soo baxay aragtiyo kala duwan oo lagu soo uruurin karo dhowr qodob:

Qolo taagan inaan Islaamka iyo dimuqraaddiyaddu aanay weligood is qaadan karin, qaarkoodna waxayba shardi ka dhigeen Kiristaannimada. Waa aragtida ay qabaan dhammaan kuwa u ololeeya aragtida loo bixiyey Dimuqraaddiyad Calmaani ah (Secular Democracy), ha ahaadeen kuwa Islaamka u nasab sheegta ama kuwa reer Galbeedka.

Qolada labaad, waa qolooyin aragtiyo isku dhow leh. Qaar waxay ku doodaan in aan diimaha iyo dimuqraaddiyaddu is diidaneyn, diin walbana turxaan bixin lagu sameyn karo, si ay dimuqraaddiyadda u waafaqdo. Kuwa kale waxay soo jeediyeen in xal dhexe la raadin karo. In lagu dhexdhexaadiyo in diinta iyo dhaqanka la tixgeliyo lagana dhigo wax qofka ku kooban, laakiin maamulku noqdo mid calmaani ah. Qayb saddexaad ayaa soo jeedisey in Islaamku dib-u-eeg u baahan yahay, dib-u-habeynna lagu sameeyo fahamkiisa. Aragtidan labaad waxaa ku mideysan qolooyinka doorbida calmaaniyadda nugul (passive secular), midda qunyar-socodka ah iyo qayb ka mid ah kuwa loo bixiyey Muslimiinta qunyar-socodka ah (Moderate Muslims). Xeer-Soomaaligu qaybtan ayuu galayaa aan diimaha ka boodsaneyn oo qaba in diimaha la tixgeliyo, laakiin ay ku koobnaato qofka oo ay noqoto cibaado Alle iyo qofka u dhaxeysa maamulkana aan soo farogashan.

Kooxda saddexaad waa koox rumeysan in bulsho walbaa loo daayo in ay dimuqraaddiyadda ku jaangoyso dhaqankeeda iyo waxa ay rumeysan tahay. Waxay qabaan in qaabka Islaamka u shaqeeyo ee ku dhisan wada-tashiga, hadal-isweydaarsiga, dhanka loo badan yahay in la raaco ayba tahay aragtidii dimuqraaddiyadda. Waxay tilmaamayaan in dimuqraaddiyad kasta oo waddan ka jirta aanay ka marneyn diinta ama dhaqanka bulshadaasu leedahay, sidaas darteed aanay habbooneyn in diin ama dhaqan ummadi leedahay mid kale lagu qasbo.

Qolada afraad waxay rumeysan yihiin in dimuqraaddiyaddu aanay mabda' aheyn ee ay tahay waddo xukunka lagu gaaro oo ku dhisan in dadka cod laga qaado oo ciddii ku guuleysata ay ummadda hoggaamiso.

Aragtiyadaa kala duwan ee laga bixiyey isqaadashada Islaamka iyo dimuqraaddiyadda waxay ku bixisay ururradii Islaamiyiinta in ay dib ugu noqdaan qorshahoodii iyo qaabkii ay doonayeen in ay dawlad ku dhisaan. In ay dimuqraaddiyadda oggolaadaan, kana dhigtaan jid ama marin ay maamulka ku gaaraan, doorashooyinkana ka qayb galaan ayuu noqday wax-ka-taggii koowaad. Ururradii tijaabiyey waxaa ka mid ahaa xisbigii FIS ee ka qayb galay doorashadii Aljeeriya, sannadkii 1991, kuna guuleystey. Doorashadii ay ku guuleysteen ma waarin oo har cad ayaa ciidamadii waddanka oo calmaaniyiintu ka dambeeyaan, Galbeedkuna garab taagan yahay afgambiyeen.

Wax-ka-taggii labaad waxaa tijaabiyey Ikhwaankii Masar, waxayna soo saareen bayaan nuxurkiisu ahaa in Islaamka iyo dimuqraaddiyadda la mataaneeyo. Iyagoo ka faa'iideysanaya kacdoonkii loo bixiyey ' the Arab Spring' ee 2010 ayey ku hawl galeen siyaasaddaa mataaneynta. Waxay ku guuleysteen doorashadii Masar ka dhacday, sannadkii 2012. Hal sano kama soo wareegin markii ay ciidamadu afgambiyeen madaxweynihii la doortay. Dhacdadaas oo dhabarjab ku aheyd guud ahaan ururradii Islaamiyiinta, gaar ahaan Ikhwaanu Muslimiin waxay keentay in mar saddexaad dib la isugu noqdo. Xisbigii Annahda ee Tuuniisiya, kana mid ah ururweynaha Ikhwaanul Muslimiin ayaa wax-ka-taggii saddexaad ku dhawaaqay. Xisbigu wuxuu soo saaray baaq uu ku caddeynayo inuu qaatay aragtidii dimuqraaddiyadda calmaaniga ah oo la kala saaro diinta iyo dawladda.

Tallaabadaa ay Annahda qaaddey billad iyo bogaadin toona kuma aanay helin. Iskaba daaye, waxaa si cad loogu sheegay astaamaha dimuqraaddiyadda la doonayo iyo xeerarkeeda lama dhaafaanka ah. Waxaa loo sheegay in aanay ku filneyn oo kali ah in ay oggolaadaan dawlad calmaani ah, ee waxa la doonayaa ay tahay bulsho iyana calmaaniyiin ah oo aanay diinu xirin. Ilaa ay oggolaadaan xuquuqda aan xadka laheyn ee qofka, sida midda diinta, aragtida, galmada iyo wixii la mid ah in aanay gaarin dimuqraaddiyaddii laga rabey ayaa cod dheer loogu sheegay.

Sidaa darteed, dimuqraaddiyadda dunida Muslimka laga rabaa ma ahan midda ay u qabaan FIS iyo Xamaas, mana ahan midda ay qaateen Ikhwaankii Masar, sidoo kale ma ahan midda Tuuniisiya looga dhawaaqay. Midda la rabaa waa midda bulshada iyo siyaasadduba ay calmaaniyiin yihiin. Dawlad iyo shacab aan diin laheyn, lana dagaallama diinta iyo anshaxa wanaagsan oo u ololeeya diin la'aanta. Arrintani waxay meesha ka saareysaa qeexiddii laga bixiyey diinta dimuqraaddiyadda la jaanqaadi karta. Waxaa lagu sheegay in ay tahay diinta aan maamulka soo faragelin ee qofka ku kooban. Arrinkan Annahda kuma bedbaadin.

Waxaa isweydiin mudan astaamaha ay leedahay dimuqraaddiyadda laga doonayo in ay qaataan xisbiyada Islaamiyiinta ah. Waxaan soo aragnay in aan xisbiyadii Islaamiyiinta ahaa laga yeelin saddexdii wax-ka-tag ee ay sameeyeen oo ay ugu dambeysey in diinta iyo dawladda la kala saaro. Dawladdu diin la'aan ha ahaato, bulshaduna diinteeda ha ugu dhaqanto ilaa heer qofeed, waa aragtidii dhabta aheyd ee Calmaaniyadda ama dimuqraaddiyadda calmaaniga. Waa hannaankii ay u ololeynayeen calmaaniyiintii waddammada Muslimiinta iyo kuwa reer Galbeedka. Sidaas oo ay tahay, Annahda soo dhoweyn kuma helin.

Haddii ay shaxdii aan isku barbar dhignay Islaamka iyo dimuqraaddiyadda noo soo saartay in aanay inta badan aragtida guud isku diidaneyn, annagoo raacaynna qeexidda dimuqraaddiyadda laga bixiyey, xisbiyadii Islaamiyiinta kuwii dimuqraaddiyadda calmaaniga ah qaatayna aan laga garowsan, tallow, waa maxay waxa laga doonayo xisbiyada Islaamiyiinta ah? Sida ay sheegeen qoladii diiddaneyn in ay Annahda isku dhereriso xisbiyo Yurub ka jira, waxa la rabaa in ay qaataan dimuqraaddiyadda diin la'aanta ah. Waxay is weyddiiyeen Annahda in ay ka suurtowdo in ay sharciyeyso oo ay reer u aqoonsato labo nin ama laba naagood, in ay oggolaato xorriyadda galmada oo wax `sino' la yiraahdo aaney jirin, iyo waxyaabo la mid ah.

Sannakii 2017 ayuu madaxweynaha Tuuniisiya, Baaji Sibsi, magacaabay guddi uu u xilsaaray in ay soo diyaariyeen qoraal ku saabsan arrimaha la xiriira xorriyadda qofka, sinnaanta, ciqaabta dilka iyo danbinnimada jinsi-gudka. Baaji wuxuu sheegay in ay gefsan yihiin dadka sheega in dastuurka Tuuniisiya ay Shareecada Islaamku saldhig u tahay. Wuxuu sheegay in waddanku uu Liberaal yahay. Guddigu wuxuu soo jeediyey in qodobbo badan wax laga beddelo, waxaana ka mid ahaa qodobbadaas; in ragga iyo dumarka dhaxalka loo simo, in la joojiyo danbiyeynta jinsi-gudka, in la joojiyo ciqaabta dilka marka laga reebo xaalado gaar ah, in la tuuro qodobka tilmaamaya in korinta ilmaha iyo barbaarintu ay dumarka gaar u tahay, iwm.[134]

Madaxweyne Taaji wuxuu ku dhawaaqey inuu baarlamaanka horkeeni doono qodob ka mid ah qodobbadii ay soo jeediyeen guddigii uu magacaabay ee ku saabsan dhaxalka. Qodobkaas dhaxalka ku saabsan wuxuu soo jeedinayaa in ragga iyo dumarka dhaxalka loo simo. Madaxweynuhu wuxuu marmarsiinyo ka dhigtay in uu dadka oo dhan madaxweyne u yahay oo ay saaran tahay inuu dadka isku wado, dhanka kalena aanu ka hor istaageyn ciddii dooneysa in ay dhaxalka u qaybsato sida sharcigu qabo. Golaha shuurada ee xisbiga Annahda waxay caddeeyeen in qodobkaasu uu ka hor imaanayo nusuus go'an oo Shareecada ah, sidaa darteed uu xisbigu taageersan yahay sida

---

134 BBC. (2018).

Shareecada Islaamku ay dhaxalka u qaybisay. Qodobbadaa ay soo jeediyeen guddiga uu madaxweynuhu sameeyey waxay dhaliyeen buuq badan iyo isu soo baxyo looga soo horjeedo.[135]

Baaji Sibsi wuxuu madax u yahay xisbiga Nidaa'u Tuunis oo la aasaasay sannadkii 2012. Aragtida xisbiga waa libaraal, waxaana lagu tilmaamaa in ay dhiseen haraadigii madaxweynihii Saynulcaabidiin Bin Cali, dadka qaarna waxay ku sheegaan in loo dhisay sidii ay uga hortagi lahaayeen in xisbiga Annahda uu talada la wareego. Baaji wuxuu sheegay in siyaasadda xisbiga Annahda ay khatar ku tahay degganaanshaha waddanka.[136]Tallaabadan uu qaaday madaxweynaha Tuuniisiya waa mid tijaabo u ah xisbiga Annahda. In kasta oo golaha shuurada ee xisbigu uu soo jeedintaa ka horyimid, haddana waxaa la is weyddiin karaa in ururku go'aankaa ku adkeysan doono, iyo inuu oggolaan doono wax-ka-taggii afraad oo ah in xisbigu uu qaato mabda'a liberaalka.

Mar haddii ay sidaa tahay, waxaa muuqata in waxa reer Galbeedku doonayo aaney aheyn in dawlad dimuqraaddi ah la helo ama diinta iyo dawladda la kala saaro. Sidoo kale, in aanay raalli ku aheyn dawlad diin la'aan ah oo kaliya, maxaa yeelay taasi calmaaniyiintii Turkiga ee diin la'aanta aheyd ayey gaarsiin laheyd in ay Ururka Yurub ku biiraan. Waxay rabaan ee dhabta ahi waa in la helo bulsho diin la'aan ah. Sidaas darteed, waa in la helaa dawlad iyo bulsho diin la'aan ah ama dawlad iyo bulsho calmaaniniyiin ah. in ay qaataan mabda'a liberaalka oo ah aragtida xisbiyada Garabka bidix (liberal) waana aragti ku saleysan qofku inuu helo madax-bannaani dhammeystiran oo aanay jirin wax ka hor istaagi kara dookhiisa, wixii uu isagu wanaag u arkana uu sameeyo.

---

135 Aljazeera. (2018).
136 Aljazeera. (2014).

Ururrada Islaamiyiinta ah oo burbur gudaha iyo dibadda ah ku dhacay, qaarkoodna jiritaankoodu uu halis ku jiro, waxay u baahan yihiin in ay ka baaraandegaan waxa keenay burburkan baahsan, qorshahoodana dib-u-eeg ku sameeyaan. in ay si qotadheer u baaraan waxyaabaha ku keenay dhibaatooyinkan baahsan. in ay eegaan in sababtu tahay ; inaan la helin hoggaan ku habboon ururka, in manhajka iyo dastuurka u degsan aanay xilliga la joogo ku habbooneyn, in qorshahooda dhanka maamulka iyo siyaasadda aanay samanka la joogo la jaanqaadi kari; mise arrimuhu sidii ay u kala mudnaayeen in loo kala hor mariyo ayaanay u qorsheyn oo u kala hor marin ? Qodobbadaa oo si hufan looga baaraandego, waxay keeni karaan in ay ururrada Islaamiyiintu ka soo kabtaan burburkii ku dhacay.[137]

---

137 Asmatu Alxarakatu Alislaamiya (2016).

DHAQAMMADA KU LAMMAAN CALMAANIYADDA

Aragtida Diinlaawannimada

Ilxaadnimadu waa inkirid iyo diidmo jiritaanka Alle iyo in ay jirto awood naga sarreysa oo koonka abuurtay. Marmarka qaar waxaa lagu qeexaa in ay tahay aragti guud oo koobeysa dhammaan hannaanka iyo dhaqammada xiriirka la leh aragtida Calmaaniyadda. Qolo kale ayaa ku sheegtay in ay tahay diinta koox rumeysan in wax walba oo koonka jira lagu ogaan karo dabogal, kaas oo lagu gaari karo xaqiiqda dunida iyo halka koonku ku dambeyn doono.[138]

Diidmada jiritaanka Alle ma ahan arrin dhowaanahan bilaabantay. Qoraa giriiggii hore ka mid ahaa oo la oran jirey Protagoras ayaa buug uu qoray ku sheegay in aanu kala sixi karin jiritaanka Alle iyo jiritaan la'aantiisa. Arargtidaa gurracan dadkii ayaa ku qoonsadey, kuna kacay. Kutubkiisii meel fagaare ah ayaa lagu gubay, isagiina waa la eryey. Wuxuu xubin ka ahaa koox la oran jirey `As-safsadaa'iyiin'

---

138 Paul C. (2009).

asalkoodiina ahaa niman aftahanno ah oo magaalooyinka isaga goosha, dadkana ugu yeera in ay qaab-hadalka iyo doodda bartaan.[139]

Aragtidaa dib ugu noqoneysa Giriiggii hore, xilliyadii dhexe waxay noqotay mid aan wax la sheego aheyn, qofna aanu afka soo marin karin inuu su'aal ka keeno jiritaanka Alle. Waxay ilxaadnimadu soo ifbaxday qarnigii 17aad, si sibiq ahna way ku fidday iyadoo ay hoggaanka u hayeen rag isku magacaabay aqoonyahanno oo ka horyimid caqiidadii Kiristanka, iyagoo ka duulayey in aanay maangal aheyn wax badan oo ay bulshadu rumeysan tahay. Qarnigii Labaatanaad waxay noqotay aragti si wanaagsan ugu faaftay Galbeedka iyadoo magacyo kala duwan wadata.[140]

Qolooyinka taariikhda baara qaarkood ayaa qaba in kacaankii Faransiiska ka bilowdey ee 1789 uu ahaa kacdoon ay gadaal ka riixayeen diinlaawayaashu. Kacdoonka asalkiisu ma aheyn diidmo jiritaanka Alle, ee wuxuu ahaa ololle looga soo horjeedo cadaadiskii iyo amarkutaagleyntii Kaniisadda. Sidaa darteed, kacaankii Faransiiska waa astaan lagu garto bilowgii ama fufkii ilxaadka ama diinlaawonnimada.[141] In kasta oo Alle-diidnimada cusub ay wax badan uga duwan tahay tii hore, waxay soo labo kacleysey qarnigii 19aad, xilligii Darwin iyo dooddii ka dhex aloosantay Kaniisadda iyo saynisyahannada. Waxay faafiyeen in diimuhu ka soo horjeedaan aqoonta iyo sayniska, ayna hortaagan yihiin horumarka bulshada. Aragtidaasi waa middii loo bixiyey `Scientific Atheism.' Aragti kale oo aan wax badan ku diidaneyn ayaa ka feer jeexantay, loona bixiyey `Huministic atheism.' Aragtidan dambe, in kasta oo asalkeedii loo celiyo qolo diin loo tiiriyo, kana soo horjeeddey Caqiidada Saddexaynta (Trinity), iyagu diimaha

139 Jacqueline R. (2011).
140 J. Gordon Melton. (2011).
141 Ismaaciil C. (2017).

kama wada boodsana, waxayna ku sheegaan wax bulshadu abuuratay, dabeecadda ama sayniskana aan wax saameyn ah ku laheyn.[142]

Marka ay timaaddo rumeysnaanta jiritaanka Alle, uunku wuxuu u qaybsamaa afar qaybood; qayb diiddan jiritaanka Alle, waana ilxaadka dhabta ah (atheism), qayb aan rumeysneyn jiritaanka Alle, haddana aan jiritaan la'aantiisa rumeysneyn. Waxay ku doodaan in aanay hayn wax ay ku diidaan jiritaanka Alle, wax ay ku oggolaadaanna aanay hayn (Agnosticism). Qolada saddexaad ma inkirsana jiritaanka Alle, laakiin waxay diiddan yihiin inuu jiro wax xiriir ah oo basharka iyo Alle ka dhexeeya, sidoo kalena aaney jirin rusul uu u soo diray. Alle inta koonka abuuray ayuu isaga tagey, (Deism). Iyo qolada afraad oo Alle jiritaankiisana rumeysan, rususha uu u soo direyna rumeysan, (Theism).[143]

Inta badan mabda'a Calmaaniyadda iyo ilxaadku wax weyn isma dooriyaan oo waa isku milan yihiin. Siday u badan yihiin calmaaniyiintu waa diinlaaweyaal, in kasta oo uu jiro calmaani aan diimaha ka boodsaneyn. Waxay qabaan inuu qofku xor u yahay diin inuu rumeeyo, laakiin aanu ku helin daryeel gaar ah diintaa uu rumeysan yahay. Diintu in ay noqoto xaq gaar ah oo qofku leeyahay, kuna koobnaato goobaha cibaadada, laakiin maamulku uu diin ka dhar la'aado ayey qabaan. Waxay ku doodaan in ay diintu abuurto kala-qaybsanaan oo ay dhaawaceyso midnimada bulshada. Sidoo kale, in ay diintu hor taagan tahay in la helo bulsho diin ahaan iyo dhaqan ahaanba kala duwan oo si wanaagsan u wada noolaata.[144]

Aragtidan dadka qaba waxay isku magacaabaan magacyo soo jiidasho leh, sida xornimo-u-fekerayaal 'freethinkers', dallada ugu weyn oo ay harsadaanna waa qolada la baxday mulxidiin (atheism) iyo secular

142 Ledrew, S. (2013).
143 Cabdullaahi Bin Saalix Al-cujeyri (2014).
144 BBC. (2009).

humanist. Sidaas oo ay tahay oo ay labadoodu ka siman yihiin la dagaallanka Alle rumeysnaanta, kama marna hardan hoose oo dhexdooda ah. Mulxidiintu waxay ku duraan secular Humanist in ay diimaha u dabacsan yihiin oo dagaalkoodu aanu barax tirneyn. Wadaaddada kaniisaddu iyaga qudhoodu dagaalkoodu ma yara, waxayna qoladan ku eedeeyaan in ay wataan diin cusub oo halkii Alle laga caabudi lahaa sayniska iyo sababeynta (reason) caabuda.[145]

Mabda'an ilxaadnimadu heerar kala duwan ayuu soo maray, mar walbana wuu kacaa kufayey. Xilliyadan dambe wuxuu mabda'u sameeyey labo-kacleyn, waxaana soo baxay koox isku magacowdey `Ilxaadka cusub-`Neo/new atheism.' Maraykanka oo laga reebay in aragtidan iskuullada lagu dhigo, ayaa macallin xeerkaa jabiyey oo ardadii u dhigay. Sannadku markii uu ahaa 1926 ayaa macallinkii dambi lagu soo oogey, arrinkiisuna dood adag ayey ka dhex dhalisay wadaaddadii kaniisadda iyo mulxidiintii. Dhacdadaasu waxay dhagaxdhig u noqotay kacdoonkan cusub ee loo bixiyey `Ilxaadka cusub'. Sannadkii 2007 ayaa Kacdoonkan cusubi si wanaagsan u soo shaac baxay markii kulan ballaaran oo ay kooxdu qabsatay ay ka soo qayb galeen afarta nin ee lafdhabarta aragtidan u ah, qorayaalna ah. Afartaas oo kala ah, Richard Dawkins, Sam Harris, Daniell Dennet iyo Christopher Hitchens. Kulanka iyaga ayaa loogu magacdaray, waxaana loo bixiyey Afartii Farda-fuul,`The four Horsemen.'[146]

Waxaa jira arrimo sii dardar geliyey soo bixidda ilxaadka cusub. Qorshihii muddada dheer socdey ee calmaaniyeynta bulshada Galbeedka, saameyn weynna bulshada ku yeeshay wuxuu fududeeyey faafidda aragtidan. Weerarkii Sebtembar 2001 (9/11) wuxuu jid u furay in qolada Kiristanka mayalka adagi ay siyaasaddii Galbeedka xoog ku yeeshaan. Arrinkaasu wuxuu dhalay in ilxaadku helo marmarsiinyo ay diimaha ku duraan. Hoggaamiyaha aragtidan cusub, Richard

145 Richard C. and Christopher S. (2007).
146 Ledrew S. (2013).

Dawkins, barena ka ahaa jaamacadda Oxford ee Ingiriiska, ayaa afbuuxa ku sheegay in la joogo xilligii la kici lahaa oo laga hortagi lahaa khatarta iyo khuraafaadka diimaha. Sidoo kale, saynisyahanno badan iyo macaahid sare ayey garab ka heleen. Dhanka kale, qolo ololahooda ka soo hor jeeddey qoraallo ay sameeyeen way ku sii bullaaleen oo xayeysiin ayey u noqotay, sida qoraal cinwaankiisu ahaa `The Church of non-believers.'[147]

Guud ahaan mulxidiintu, magacay doonaan ha wateene, waxay leeyihiin qorshe u degsan oo ay raacaan, si ay bulsho badan u helaan ugana baxaan magaca `dadka laga tirada badan yahay.' Waxay isku dayaan in ay soo jiitaan dadka loo yaqaan `xog-doonayaal-questers' iyo kuwa aan kaniisadda iyo goobaha diimaha lagu barto ku xirneyn. Waxay isku dayaan in ay ugaarsadaan oo ay la doodaan xubnaha aan aqoonta badan laheyn ee ka tirsan kooxaha diimaha ee ka soo hor jeeda. Siyaasad ahaan, waxay ku dhex dhuuntaan ololaha dhawridda xuquuqda dadka laga tirada badan yahay iyo sinnaanta dadka iyadoon aragti iyo midab loo eegeyn.[148]

Dhanka kale, waxaa jira saddex heer oo ilxaadnimada ah, ama aan niraahdo saddex heer ayey u maraan ololaha mabda'ooda. Kan hore waa ilxaadnimo qofeed (private atheism) oo ah inuu qofku diin iyo rumeysnaan dhinac iska dhigo. Tan labaad, ilxaadnimo bulsho (Public atheism) oo ah kelinnimada in laga baxo oo mabda'a wehel loo helo oo bulshada lagu faafiyo. Tan saddexaad, ilxaadnimo maamul (political atheism) oo ah in la helo maamul iyo siyaasad xididdada u siiba diin iyo wixii ku xiran.[149]

Qasab ma ahan cid walba oo aragtidan mulxidnimada qabta in ay la baxdo magacyo muujinaya mabda'aa, laakiin bulshaweynta

---

147 Steven K. (2013).
148 Richard C. and Christopher S. (2007).
149 Paul C. (2009).

fikraddaa qabtaa waxay isugu yeeraan magacyo kala duwan. Waxaa ka mid ah in ay isku magacaabaan `agnostic, humanist, freethinkers, skeptic, seculist, brights' iwm. Tusaale, labada nin ee Ingiriiska ugu caansan ee aragtida ilxaadnimada cusub hoggaamiya, dhanka kale waxay guddoomiye-ku-xigeenno ka yihiin urur la yiraahdo British Humanist Association.[150]

Mabda'u mar walba wuxuu bulshada dhexdeeda, gaar ahaan Kiristanka, ka ahaa mid faquuqan, laguna ceebeeyo ciddii lagu tuhmo. Taas ayaa keentay in qaarkood sheegtaan in ay wax rumeysan yihiin, dhanka kalena aanay waxba rumeysneyn; in aanay Alle iyo diin rumeysneyn, laakiin ban'iidannimada iyo dabeecadda ay rumeysan yihiin. Qaarkood ayaa soo jeediyey in magaca ilxaad la beddelo markii ay arkeen sida ay dadku uga didsan yihiin, lagana dhigo calmaaninnimo (secularism). Mid ka mid mulxidiinta hadda joogta oo la yiraahdo A C Grayling ayaa qaba in magaca ilxaad (atheism) aan la isticmaalin, magaca ugu habboonna uu yahay dabeecad caabud (Naturalist).[151]

Laga soo bilaabo Lixdameeyadii waxaa Galbeedka hoos u sii dhacayey saameynta diimuhu ku leeyihiin dadka iyo siyaasadda. Waxaa sii yaraanayey dadka ku xiran kaniisadda iyo tirada dadka aqoonta u leh diinta Kiristanka. In kasta oo xilliyadii dambe ee ay Muslimiintu Galbeedka ku soo bateen ay soo baxday isku dhacyo xagga mabda'a ah, haddana waxaa sii kordhayey dadka diinlaawayaasha ah. Tusaale ahaan, tirakoob laga sameeyey Jarmalka, sannakii 2007, dadka aan wax diin ah rumeysneyn waxay gaareen 27%. Tiradaasu waxay muujinaysaa in ay si aad ah u soo kordhayaan dadka aan diinta haysan marka loo eego tirakoob isla Jarmalka laga sameeyey Toddoba iyo Toban sano ka hor xilligaa.[152]

---

150   Steven K. (2013).
151   Paul C. (2009).
152   Michael M. (2007).

Sidoo kale, tirakoob laga sameeyey Ingiriiska xilliyo kala duwan
wuxuu muujinayaa in sida Jarmalka ay si aad ah u muuqato kororka
dadka aan diin u nasab-sheegan. Sannadkii 1983, dadka Ingiriiska
ah ee sheegtay in aanay diin rumeysneyn 'Nones' waxay gaarayeen
31.4%, halka sannadkii 2013 ay gaareen 50.6%.[153] Waa koror ku dhaw
labo-jibbaar, muujinayana sida xawliga ah ee ay hoos ugu dhaceyso
diintii Kiristanka, una kordhayso diinlaawannimadu.

Sidaas oo ay tahay oo tirada dadka aan Alle rumeysneyni kordheyso,
haddana waxaa jira doodo badan oo muujinaya in aanay sheegashadaasi
afka dhaafsaneyn, cid walbana ay ku daabacan tahay dareenka ah in
Alle ama awood naga sarreysa ay jirto. Tijaabo lagu sameeyey dad
isugu jira diinlaawayaal iyo kuwo Alle rumeysan ayaa arrintaa ka marag
kaceysa. Labadaa kooxood ayaa meel la isugu keenay, waxaana loo
diyaariyey ereyo lid ku ah Alle. Waxaa ka mid ahaa inuu qofku Alle
ka baryo inuu balaayo, cudurro iyo waxyaabo xunxun ku rido isaga,
ehelkiisa iyo kuwa uu jecel yahay. Qalab muujinaya qofka dareenkiisa
marka uu ereyada ku dhawaaqo ayaa lagu xiray. Tijaabadaasi waxay
soo saartay in dareenka jirku bixinayo ee diinlaawaha uu la mid yahay
midka kuwa diinta rumeysan. Arrinkaasu wuxuu caddeynayaa in waxa
diinlaawuhu sheegto iyo dareenka dhabta ah ay kala duwan yihiin.[154]

Sidaas oo ay tahay, Galbeedka waxaa aad u kordhaya diintaa cusub
oo ay haystaan kooxdaa isku sheegta in aanay wax diin ah u nasab-
sheegan, looguna yeero 'Nones' oo ah magac kulmiya atheist iyo
agnostics. Waa diin cusub oo si xawli ah ku kordheysa, gaar ahaan
Galbeedka, waddamada qaarna sida Maraykanka, waxay ka bateen
dadka rumeysan mad-habka Katooligga. Iskaba daaye, waddamada
Yurub, Ameerikada Waqooyi, Ustaraaliya 'Nones' waxay noqdeen
mabda'a labaad ee waddammadaa laga haysto, sannadkii 2015. Sidaa
darteed, ayaa lagu sheegaa kororka diinlaawannimadu in ay xiriir la

153 Linda W. (2016).
154 Marjaana L., Bethany H., Tapani R. & Tommi M. (2014).

leedahay hodantinnimada iyo qofka oo nolol xasillan hela. Sidoo kale, diinlaawannimadu waxay ku badan tahay goobaha waxbarashada, gaar ahaan jaamacadaha.[155]

Diinlaawayaashu waxay xilliyadan dambe bilaabeen in ay xoogga saaraan sidii ay saameyn weyn ugu yeelan lahaayeen qaabka siyaasadeed ee dawladaha. Sidoo kale, in ay baabi'iyaan ama yareeyaan saameynta diimuhu ku leeyihiin bulshada. Waxay dhiseen ururro badan oo ay u habeeyeen qaabkii ay labadaa yool ku gaari lahaayeen. Maraykanka waxaa ka dhismay ururro badan, urur walbana uu hawl gaar ah leeyahay, ha ahaato dhanka siyaasadda, doorashooyinka, waxbarashada, arrimaha bulshada iwm. Urrurradaa waxaa ka mid ah American Atheists, the Center for Inquiry, the Freedom From Religion Foundation, the Secular Coalition for America, the American Humanist Association, the Military Association of Atheists and Freethinkers and the Council for Secular Humanism, National Atheist Party. Sidoo kale ayey Ingiriiskana uga abuurmeen ururradaas oo kale, waxaana ka mid ah British Humanist Association, National Secular Society, Atheist UK, Center For Inquiry UK, National Federation of Atheist, Humanist and Secular Student Societies.[156]

Diinlaawannimadu waa muunadda xilligan jirta ee dhallintii Galbeedku ay qaadatay. Waxay noqotay calaamad lagu garto in qofku noqday qof ilbax ah oo bisil, aragti ahaanna horumaray. Dhallinyaro aan weyddiiyey sababta keenta in dad badan, gaar ahaan ardayda jaamacadaha, ay aragtidaa u qaataan, waxay ii sheegeen in arrinkani yahay muuno ama moodo socota, dhallinyaraduna ay isugu faanaan. Qofkii arrimo diineed lagu arko waxaa loo qaataa qof dambeeya oo rumeysan waxaan jirin. Sidaa darteed, inta badan waa arrin isku dayasho ah, lana mid ah muunadaha kale ee la isaga daydo sida labbiska, qaab-xiirashada iyo wixii la mid ah. Dhanka kale, dhallinyarada Muslimiinta ah waxaa

155 Gabe B. (2016).
156 Steven K. (2013).

intaa u dheer aqoon-darro xagga diinta ah. Iyagoon wadan waxay isaga difaacaan weerarkaa diimaha lagu hayo ayey jaamacadaha bilaabaan.

Tirakoob laga sameeyey Ingiriiska, sannadkii 2015 ayaa wuxuu ka marakacayaa in cidda ugu badan ee mabda'ani saameeyey ay tahay dhallinta soo koreysa. In ka badan 68% dhallinyarada da'doodu u dhaxeyso 18 iyo 24 sano, kana soo jeeda Kiristaan, waxay sheegeen in aanay wax diin ah rumeyneyn, halka 31% ay Kiristaannimo sheegteen. Waxaan ka yareysan kuwa da'doodu u dhaxeyso 25 iyo 40 sano oo saddex-meelood labo meelood ay sheegatay in aanay diin rumeysneyn. Dhanka kale, inta badan dadka da'doodu 60 sano ka weyn tahay waxay isku tilmaameen in ay Kiristan yihiin.[157]

Iyadoo ay muuqato in ay aad u kordheyso tirada dadka diinlaawayaasha ah ee bulshada Galbeedka, gaar ahaan da'yarta, ayaa haddana dadkii Muslimiinta ahaa ee Galbeedka ku noolaa aanay ka bedbaadin. Dad iyo biyo kaa badanba way ku hafiyaane, dhallinyaro badan oo Muslimiin ah oo Galbeedka ku kortay ayaa facoodii dhinaca ka raacay. Waxaa soo baxay dhallinyaro, kuwo Soomaaliyeed ay ku jiraan, oo sheegtay in aanay Alle iyo diin toona rumeysneyn, oo ay diinlaawayaal yihiin (atheist). Shinbirba midkiisa ayuu la duulaaye, koox diinlaawayaal ah oo ka soo jeedda waddammo kala duwan oo Muslimiin ah ayaa waxay sameysteen urur ay ku bahoobeen si ay keli-kelida uga baxaan.[158]

Waxyaabaha fududeeyey in dhallinyarada Muslimiinta ah la ugaarsado oo ay u gaaloobaan waxaa ka mid ah iyadoon lagu baraarugsaneyn, gaar ahaan waalidka, halista goobaha waxbarashada iyo weliba bulshada ay dhallintu ku dhex jiraan. Goobaha waxbarashada iyo bulshadu waxay labaduba lafdhabar u yihiin oo u adeegaan faafidda mabda'a diinlaawannimada. Sidoo kale, in badan oo ka mid ah dadka aqoonta diineed leh ee gacanta ku haya masaajidda iyo goobaha barashada

157 Linda W. (2016).
158 Sarah, M. (2014).

diinta ee Galbeedka oo aan sidii la rabey ugu baraarugsaneyn halista dhallinta ku hareereysan. Qaabka ay wax u baraan oo ah kii dhaqanka ahaa, dhallinta iyo dadka kaleba ma siinayo aqoon ku filan oo ay ugu gaashaaman karaan diinlaawonnimada, iyadoo maskax iyo maalba lagu bixinayo sidii diinlaawannimada dunida loogu baahin lahaa. Bulshada Soomaalida waxaa dheeraad u ah waa bulsho aan waayo-aragnimo u laheyn in ay ku dhex noolaato bulsho ay kala diin iyo dhaqan duwan yihiin. Muslimiinta Galbeedka deggen waxaa ka mid ah Hindida, waana bulsho Soomaalida uga aqoon iyo waaya-aragnimo badan sida loola noolaado, diintaadana loogu dhex ilaashado bulsho aad kala diin tihiin. Hindidu waa ummad markoodii horeba ku dhex noolaa Hindidii dabcaabudka ahaa, waxayna u babac dhigeen dhibkii iyo cadaadiskii diintooda iyo dhaqankooda lagu hayey. Waxaad mooddaa in waayo-aragnimadaasu ay baraarug dheeraad ah u keentay.[159]

Iyadoo amarkutaagleyntii Kaniisaddu ay sabab u aheyd soo noolaanshihii diinlaawonnimada, ololahaas Kaniisadda looga soo horjeedeyna astaan looga dhigay sidii dadka looga dulqaadi lahaa addoonsiga Kaniisadda, sharafta iyo karaamada qofkana loo ilaalin lahaa, haddana kama marneyn arrimo dhanka isbeddelka bulshada ah iyo saameyn qof ahaaneed oo keenay diinlaawannimada. Sida uu sheegay diinlaawe marykan ahi, waxa ka mid ah waxyaabaha qofka ku qanciya diinlaawonnimada, qofka oo aan rabin inuu noloshiisa wax ka beddelo, oo raba inuu u noolaado sida uu rabo. Taa mid la mid ah, aqoonyahan Muslim ah ayaa loogu yeeray dhallinyaro Carbeed oo aragtidaa ilxaadka isku qanciyey. Wuxuu sheegay inuu la yaabay aqoonyarida iyo aragti-gaabnida dhallinyaradaa. Mid dhallinyaradaa ka mid ah uma suurtagelin inuu kulanka keeno hal arrin oo laga doodi karo. Gebogebadii, mid ka mid ah dhallinyaradaa ayaa aqoonyahankii ka codsadey inaanu mar dambe la soo xiriirin oo uu aragtidiisa ku qanacsan yahay, uuna rabo inuu qaabkaa u noolaado. Waxa jiidanayey

159 Waxaa aragtidaa ii sheegay Sh. C/baasid Baraawe oo shiikh ka ah Masjidka Alfurqaan ee ku yaal magaalada Leicester ee Ingiriiska.

ma ahayn wax ku dhisan aqoon ee waxay aheyd rabitaan nafeed iyo mid hawo-raacnimo.[160]

Sidoo kale, cilmibaaris ayaa waxay sheegtay in dadka aragtidaa qaata ee da'da labaatanka iyo wixii ka horreeya ah ay intooda badan agoonnimo ama rajonnimo ku soo koreen. 320 qof oo xubno ka ah urur diinlaawayaashu leeyihiin oo Maraykan ah oo cilmibaaris lagu sameeyey, intooda badani waxay ku soo koreen agoonnimo ama rajonnimo, in badan oo ka mid ahina waxay la kulmeen xilligii carruurnimada dhibaatooyin xagga barbaarinta ah. Sidoo kale, cilmibaaris Maraykanka laga sameeyey waxay caddeysey in dhibaatooyinka iyo halaagga dunida ka dhaca ee isugu jira mid aadane ku lug leeyahay ama kuwa dabiiciga ah ay qayb weyn ku leeyihiin diinlaawonnimada. 17% sababa keena diinlaawonnimada waxay ka dhalataa isweydiinta ah, `Maxaa dhibkan u dhacayaa? Maxaa dhibka/sharta loo abuuray?' Tusaale waxaa loo soo qaataa labaatan jir Falastiini ah oo sheegay in diinlaawonnimada ay ku keentay dagaalkii Qasa dhibkii maatada loo geystey. Waa dhacdo xiriir la leh muuqaallada soo baxay kacdoonnadii waddammada Carabta ka dhacay ee loogu magac daray "الإلحاد ما بعد الثورات".[161]

Sidaa darteed, waxaa qayb libaax ka qaata in qofku ilxaad noqdo sida uu ku soo koray iyo qaabka loo barbaariyey. Taas waxaa dheer, sidaan soo tilmaannay in ay magacyo qurxoon la baxaan, sheegtaanna in wax kasta oo ay rumeysan yihiin ay aqoonta iyo sayniska ku dhisan yihiin, si ay dadka ugu marin habaabiyaan. Sidoo kale, waxay sheegtaan in aanay dunida ka dhicin in qof lagu waxyeelleeyo iyadoo magaca ilxaad ama diinlaawe la adeegsanayo. Iskaba daaye, ilxaadku in uu yahay aragti bulshada hormarisa oo ka saarta mugdiga iyo dibdhaca diimaha. Sheegashadaa waxaa si cad uga horyimid baaritaan taariikheed oo la sameeyey, laguna baarayo dagaalladii iyo dhacdooyinkii dhiigga

160 Ismaaciil C. (2017).
161 Saamix Cawdah. (2019).

badan ku daatay ee dunida ka dhacay kuwoodii ugu xumaa ciddii daadisay magaca ay wateen. Baaritaanka waxaa laga soo bilaabay bilowgii taariikhda Miilaaddiga, waxaana loo qaybiyey awoodihii dunida soo maray 7 awoodood ama ilbaxnimo. Ciidammadii ama hoggaamiyayaashii watey magaca ilxaadka waxay noqdeen qolada labaad ee ugu dhiig daadinta badnaa dunida, kaalinta koowaadna waxaa galay qoladii magaca Kiristanka ku dagaallameysey. Islaamku wuxuu galay kaalinta 6aad. Waxaa lagu qiyaasay dadka gacanta diinlaawayaasha ku baxay in ka badan 125 000 000 (boqol iyo shan iyo labaatan milyan).[162]

Sidii aan soo xusnay, waa qorshe diinlaawayaasha u degsan in ay dhisaan heerar kala duwan oo ay u marayaan in ay dunidu noqoto mid ay iyagu u taliyaan, mabda' aan kooda aheynna aan lagu dhaqin. In bulshada qofqof loo ugaarsado, ka dibna koox-koox loo abuuro. Kooxdaasu iyagoo isku duuban in ay bulshada dhex galaan, si loo abuuro bulsho diinlaawe ah. Ka dib, in la sameeyo ururro caalami ah oo ka hawlgala dunida oo dhan. Sidaan horey u soo xusnay, waxay dhallinyarada u abuureen ururro arday, sida ururka ardaydu leeyihiin ee Ingiriiska ka jira ee lagu magacaabo `Humanist and Secular Student Societies'. Dhanka kale, sidii aan qaybaha hore ku soo sheegnay, waxay gacan-saar la leeyihiin cid walba oo dagaal kula jirta diimaha, sida dumarnimo-u-dirirka (feminist), LGBT, calmaaniyiinta iwm.

Aragtida LGBT (lesbian, gay, bisexual, transgender).

Ururkan waxaa ku bahoobey dadka dhalan rogey abuurkooda galmo, sida dumarka iyo ragga kuwa ay isku jaadka yihiin u galmooda, kuwa aan rag iyo dumar u kala soocneyn iyo kuwa dhalan roga jirkooda oo ama labeeb iska dhiga ama haddii uu nin ahaa haweeney iska dhiga, haddii ay naag aheydna nin iska dhigta. Waa aragti ku lammaaneyd, lana socotey gumeysigii reer Galbeedka, kuna faaftey

---

162 Naveed S. Sheikh (2009).

waddammadii ay gumeysteen. Sidoo kale, waa dhaqan xiriir la leh
mabda'a Hantigoosiga (capitalism).[163]

Aragtidan sillooni waxay ka mid tahay kuwii ku dhex kobcay mabda'ii
Calmaaniyadda. Iyadoo dhaqankani uu jiri jirey, laakiin wuxuu ahaa
mid si dahsoon ama aan aad u muuqan bulshada ugu dhex jirey.
Dhaqankani wuxuu la jaan qaadey ololihii xuquuq-raadinta, sida
kii xuquuqda dadka, ka hortagga faqooqidda, xuquuqda dumarka,
iwm. Iyagoo ka faa'iideysanaya dhaqdhaqaaqyadii jirey sannadihii
60-meeyadii iyo 70-meeyadii, gaar ahaan kuwii Maraykanka ka jirey
ee xuquuqda dadka iyo ololihii looga horjeedey dagaalkii Fiyatnaam,
ayey bilaabeen in ay isqarinta ka baxaan oo ay aqoonsigooda dibadda
u soo saaraan. Waxay noqdeen urur jira oo kulammo sameysta,
abaabulana isu soo baxyo.[164]

Laga soo bilaabo dhaqdhaqaaqyadaa, marba marka ka dambeysa
waxay u sii xuub siibanayeen in ay noqdaan urur siyaasi ah oo xoog
leh, bulshadana codkooda gaarsiiya. Waxay bilaabeen in ay sheegtaan
in ay matalaan dadka jinsi-gudka ah, xuquuqdoodana u raadinayaan.
Dadka dhaqammadan lagu yaqaan xilliyadii hore waxaa loo arki jirey
dad fongoran oo jirran, laakiin si tartiib ah ayey isu dhalan rogtey
aragtidii bulshadu ka qabtey. Sidoo kale, dhanka caafimaadka waxaa
lagu tirin jirey dadka cudur-maskaxeedka qaba ee aan fayoobeyn,
xilliyadii dambese waxaa lagala mid dhigay bulshadii caadiga aheyd.
Qolada cilmi-nafsiga iyo cudurrada maskaxda ku xeeldheer, gaar ahaan
Maraykanka, waxay go'aamiyeen in calaamadihii lagu yaqaanney
dadka dhaqankaas leh laga saaro bahda cudurrada ee cudur ahaan
loo aqoonsanaa.[165]

163 Joseph A. Massad (2015).
164 Matt J. (2007).
165 Lyn I. (2007).

Tirakoob lagu sameeyey kobaca tirada dadka dunida ku nool ee caadadaas leh waxay muujineysaa in ay tiradoodu kordheyso. Baaritaanno kale ayaa ku doodaya in kororku intaa ka badnaan karo, maxaa yeelay weli waxaa jira dad aan ku dhiirran karin in ay haybta dadkaa sheegtaan, baqdin ay bulshada ka qabaan. Si kastaba ha ahaatee, tirakoob waddamo dhowr ah oo kuwa Galbeedka ah laga sameeyey wuxuu muujinayaa in Maraykanku noqday meesha ay tirada ugu badani ku nooshahay. Hay'ad Maraykanka u qaabilsan kobaca qoyska (Family growth) ayaa ku qiyaastay ilaa 10 malyan in ay gaarayaan dadka sida tooska ah uga mid ah qoladaa, halka ilaa 30 milyan ay u janjeeraan in ay galmo la wadaagaan qof ay isku jaad yihiin.[166]

Kororkaasu wuxuu keenay in bulsho badan oo siyaabo kala duwan dhaqankaa uga soo hor jeedda uu dareen cabsi ahi galo. Cilmibaaris ayaa lagu sameeyey looga dan leeyahay in la ogaado sababta didmadan (homophopia), lana helo waxa keenay si xal loogu helo. Sababaha didmadaa keenay waxa ugu weyn waxaa lagu sheegay in aan xog fiican oo ku filan laga bixin dhaqankan. Baaritaanku wuxuu bartilmaameed ka dhigtay ardayda dhallinyarada ah ee waxbarashada sare ku jira. Waa da'da uu qofku maskaxdiisu kobocdo, saameynna lagu yeelan karo mabda' ahaan iyo anshax ahaanba. Sidoo kale, waa marka qofku shaqsiyaddiisa soo saaro, waxa uu qabana soo bandhigo.[167]

Qaabka cilmibaarista loo sameeyey iyo cidda la doortayba waxay muujinayaan in arrinku intaa ka fog yahay. Cid kasta oo mabda' faafineysaa waxay abbaartaa cidda ugu nugul ee qaadan karta. Sababtaas ayaa keentay in dhallinta soo koraysa la ugaarsado. Sidoo kale, dadka aragtidan qaba ama u ololeeya waa qolada sida aadka ah uga soo horjeedda diimaha iyo dhaqammada diimaha ka soo jeeda. Tirakoob la sameeyey wuxuu muujinayaa in dadka dhaqankan sida aadka ah

---

166 Gary J. (2011).
167 Laurel H., Todd L. M., & Melinda R. S. (2013).

u difaaca oo taageersan ay u badan yihiin dadka u ololeeya mabda'a Calmaaniyadda, taasina waxay ku tusaysaa sida ay dhaqammadaasi u lammaan yihiin oo ay hal meel uga dab qaataan. Dadka ugu badan ee taageersan waxaa lagu sheegaa diinlaawayaasha, liberal Christian, dumarka iyo ardayda waxbarashada sare ku jirta.[168]

 In kasta oo ay jiraan waddammmo sharci adag ka soo saaray in labo qof oo isku jaad ahi wada noolaadaan, haddana dhaqankaasu wuxuu ku faafsan yahay dunida dacalladeeda. Dawlado ayaa xilli dambe baabi'iyey xeerkii ciqaabta ee dhaqankani lahaa, sida Shiinaha, laakiin caadada soo jireenka ah ee bulshada Shiinaha arrinkani wuxuu ka yahay dambi weyn. Qofkii arrinkaa lagu aqoonsado, bulshada dhexdeeda waa ka takooran yahay. Waddammada sharciyeeyey in lammaane ahaan loo aqoonsado wada noolaanshaha labo qof oo isku jaad ah, bulshadu way ku kala qaybsan tahay, waxaana ka jira qaybo badan oo bulshada ka mid ah oo arrinkaa diiddan. Hay'adaha caafimaadka ee Maraykanka waxay soo saareen sannadkii 1973 in dhaqankan laga saaro kuwo loo aqoonsan yahay in ay jirro yihiin. Sidaas oo ay tahay gobollo Maraykanka ka mid ah ayaan u aqoonsaneyn labada qof ee isku jaadka ah in ay lammaane yihiin. [169]

Waddammada lagu eedeeyo in ay dhaqankaa ka soo horjeedaan waxay u badan yihiin waddammada qaaradda Afrika, dalalka Muslimiinta ah iyo waddammo kale oo uu Ruushku ka mid yahay. Sidaas oo ay tahay, qolooyinka ku nool waddammadaa sharci ahaan dhaqankaa mamnuucay, waxay leeyihiin ururro iyo golayaal ay ku kulmaan. Waxay leeyihiin bogag internetka ah oo ay xogta isku dhaafsadaan, waxayna sameysteen bar-kulanno toos ah oo isku xira iyaga iyo qaybaha kale ee dunida. Waxay si aad ah uga faa'iideystaan warisgaarsiinta cusub iyo baraha bulshadu ku xiriirto.[170]

---

168 Laurel H., Todd L. M., & Melinda R. S. (2013).
169 Frank Y. W. (2015).
170 Frank Y. W. (2015).

Xilliyadan dambe dhaqankani wuu dhaafay mid kooxeed ama urur, wuxuu isu rogey inuu noqdo mid caalami ah ama dawladeed. Hadal uu jeediyey madaxweynihii Maraykanka, Obama, sannadkii 2011 wuxuu ku sheegay in siyaasaddooda kaalmo-bixintu ay ku xiran tahay sida waddanka la siinayo kaalmada uu u dhowro xaqa uu qofku u leeyahay inuu ciddii uu doono uu u galmoon karo (sexual right). Isla sannadkaa ayaa Ingiriisku ugu gooddiyey Nayjeeriya in ay joojin doonaan deeqda ay siiyaan haddii aanay ilaalin xuquuqda xorriyadda galbada. Sidoo kale, safaaradaha waddammada Galbeedka u fadhiya dunida Muslimka waxay qayb libaax ka qaataan ololaha faafinta aragtidan. Tusaale ahaan, sannadkii 2011 safaaradda Maryakanku ku leeyahay Bakistaan waxaa lagu qabtay kulan ay si wada jir ah u qaban qaabiyeen safaaradda iyo xubno ka tirsan golaha GLIFFA oo matala kooxda GLBT. Kooxdu waxay la shaqeysaa dhammaan xafiisyada Maraykanka u qaabilsan arrimaha dibadda sida xiriirka dibadda, ganacsiga, horumarinta iyo weliba u ololeynta xuquuqda xubnaha kooxda ee dunida dacalladeeda ku nool. Kulanka waxaa looga hadlayey sidii loo ilaalin lahaa xuquuqda dadka ururka ka midka ah, gaar ahaan xubnaha kooxda ka tirsan ee ku nool Bakistaan, loona arkayey in ay halis ku jiraan.[171]

Ololaha sinnaanta labada jaad (gender balance/ Feminism)

Dhaqdhaqaaqyadii Yurub ka hano qaadey ee ku bilowdey ka hortagidda xadgudubkii Kaniisadda, hormoodna uu ka ahaa kii Calmaaniyadda, kuwii ku hoos lammaanaa waxaa ka mid ahaa aragtida loogu magac daray 'Dhaqdhaqaaqii xoreynta dumarka' ama 'dumarnimo-u-dirirka.' Waxaa soo if baxay dumar u ololeynaya sidii dumarka xuquuqdooda asaasiyaadka ah loo siin lahaa. Lixdameeyadii waxaa ka feer jeexmay kacdoonkaa xornimo-u-dirirka ahaa mid xagjir ah oo u ololeyneysa sinnaanta dhan walba ah ee labada jaad, kuwaas oo dumarnimada

---

171   Joseph A. Massad (2015).

ku fogaadey (feminism). Waxay labadii jaad ee bulshada, raggii iyo dumarkii, ka dhex abuureen dagaal iyo hardan joogto ah.[172]

Kacdoonkan oo asalkiisu ahaa raadinta xuquuqda haweenka, iyaga iyo Kaniisaddii waxaa ka dhex abuurmay kalsooni darro, gaar ahaan dumarka xagjirka ah, waxayna u arkeen in mabda'a Kaniisadda ee diinta ku dhisan uu hoos u dhigayo xuquuqda dumarka. Taasi waxay keentay in ay diimaha oo dhan ka didaan, una arkaan in ay col dumarka u yihiin. Waxay hoos galeen dalladdii guud ee diin-la-dagaallanka aheyd ee calmaaniyiintu hormuudka ka ahaayeen. Sidaas darteed, dumarka mabda'aa u ololeeya waxay ka mid yihiin bahda calmaaniyadda.[173]

Aragtidaa oo si weyn uga hir gashay geyiga Yurub, waxay u soo tallowdey dunida Muslimka. Dhaqdhaqaaqaa ka bilowdey waddammada Muslimiinta wuxuu ka dab qaadanayey kii Galbeedka ka jirey ee ku dhisnaa mabda'a Calmaaniyadda. Waxay soo guuriyeen aragtidii colaadda fog u qabtey diimaha, waxayna bilaabeen olole ay ku muujinayaan in aanu Islaamku u caddaalad falin labada jaad ee ragga iyo dumarka, Shareecada Islmaakuna abuurto kala sarreynta labada jaad. Waxay ku doodeen in mabda'a Calmaaniyadda oo lagu dhaqmo uu abuuri karo sinnaan labada jaad ah, laakiin Islaamku aanu xaqiijin karin mabda'aa asaasiga ah ee sinnaanta aadanaha.[174]

Aragtidan tilmaameysa in dumarka Muslimiintu ku nool yihiin nolol liidata, dumarka Galbeedkuna nolol raaxo leh waxay soo baxday qarnigii 18aad, waxaana faafiyey kooxo badmareenno ah oo mustashriqiin[175]

---

172 Mathnaa Amiin(2011).
173 Nella van den B. (2014).
174 Riham B. (2011).
175 Mustashriq (المستشرق), waa eray carabi ah, asalkiisuna (شرق) oo ah Bari, loona yaqaan niman reer Galbeed ah oo aad u bartay dhaqanka iyo diinta dadka reer bariga oo looga jeedo Muslimiinta. Afka Ingiriiska waxaa loo yaqaan orientalist.

ah, lana oran jirey Orientalist European Christian. Waxay mareen dhul badan oo waddammada Muslimiinta ah. Ujeeddada beentaa ka dambeysa waxay aheyd in ay ku dejiyaan haweenkooda, ugana dhigaan in ay iyagu ugu nolol wanaagsan yihiin dumarka dunida ku nool. Isla qarnigaasba, waxaa arrinkaa beeniyey dumar reer Yurub ah oo muddo ku noolaa waddammada Muslimiinta. Waxaa ugu caansanaa, buugna ka qortay haweeney uu qabey danjirihii Ingiriiska u fadhiyey Istanbuul. Buuggeeda waxay ku sheegtay in cidda keliya ee xorta ah ee ay ku soo aragtay maamulkii dawladdii Islaamka ee Cusmaaniyiinta ay dumarka ahayd.[176]

Kooxdii ugu horreysey ee soo xanbaarta mabda'an, soona gaarsiisey waddammada Muslimiinta waxay ahaayeen ardaydii waxbarashada u aaddey waddammada Galbeedka. Waxaa ugu cadcaddaa ardaydii reer Masar. Ardo badan oo rag iyo dumar isugu jira ayaa kacdoonkaa majaraha u qabtay, dagaalkii ugu horreeyeyna waxay ku qaadeen Shareecada Islaamka. Waxay ku baaqeen in wax laga beddelo qodobbo badan oo arrimaha dumarka ka hadlaya oo ku jira Shareecada Islaamka. Waxay halkudhig ka dhigteen in lagu daydo dumarka Galbeedka, lana qaato mabda'a Calmaaniyadda.[177]

Haweeney u dhalatay Marooko, buugaag dhowr ahna ka qortay aragtidan dumarnimo-u-dirirka ayaa waxay ku dooddday in aragtidan dumar-naceybka ah ay kol hore soo bilaabantay. Rag saxaabo ah ayey ku sheegtay in ay ahaayeen rag dumarka neceb (misogynist) iyadoo ku eedaynaysa in ay wariyeen axaadiis ay u aragtay in ay dumarka hoos u dhigayaan. Waxaa ka mid ah saxaabada ay durtay saxaabiga la yiraahdo Abuu Bakrata oo wariyey xadiis Bukhaari soo saaray oo macnihiisu ahaa in aanay liibaaneyn dad taladooda dumar u dhiibtay.[178]

---

176 Joseph A. Massad (2015).

177 Mathnaa Amiin(2011).

178 باب كِتَاب النَّبِيِّ صَلَّى اللَّهُ "لَنْ يُفْلِحَ قَوْمٌ وَلَّوْا أَمْرَهُمْ امْرَأَةً", Saxiixul Bukhaari, baabka (عَلَيْهِ وَسَلَّمَ إِلَى كِسْرَى وَقَيْصَرَ)

Waxay sheegtay inuu xadiiskaa u cuskadey dagaalkii fitnada ee
dhacay xilligii Cali Ibnu Abii Daalib iyo saxaabadii ay Caa'isha ka
mid aheyd. Sababta uu dagaalka u diidey waxay ku sheegtay in ay
ku jirtey dumar-naceyb oo uu diiddanaa inuu qayb ka noqdo ciidan
ay haweeney hoggaamineyso. Sidoo kale, ayey Abuu Hureyrana ugu
dhaleecaysay xadiis uu wariyey oo ay u aragtay inuu dumarka liidayo,
xadiiskaas oo ka hadlaya saddex waxyaabood oo salaadda gooya haddii
ay qof tukanaya hor maraan oo dumarku ka mid yihiin.[179] Waxa ku
bixiyey waxay ku sheegtay inuu lahaa dhaqan dumar-naceyb ah.[180]

Tabo kala duwan ayaa loo maray la dagaallanka Shareecada, waxaana
ka mid ah in la isticmaalo qaab faneed soo jiidasho leh, bulshadana
loo tusayo in turxaanbixin lagu sameynayo qodobbada qaar, kuwaas
oo si gurracan loo fahmey. Qaababka ay kooxahaasi isticmaalaan
waxaa ka mid ah in ay abuuraan dhacdooyin aan jirin si ay ugala soo
baxaan arrimo ay u cuskadaan aragtidaa ay faafinayaan. Been-abuurka
ay sameeyeen waxaa ka mid ah in ay soo guuriyeen in ay Faadumo
Bintu Rasuul (NNKA) ay ka carootay Madiina xilligii Abuu Bakar
(Alle raalli ha ka noqdee), iyadoo ka gadooddey dulmigii dumarka
lagu hayey. Sidaa darteed, ay Faadumo (Alle raalli ha ka noqdee)
hormuud u aheyd dhaqdhaqaaqii xoreynta dumarka.[181]

Qoraallada sida horumarsan loo qoro, lana abuuro jawi loo ekeysiinayo
in aanay diinta ka soo horjeedin, loona muujiyo in looga dan leeyahay
in arrinta la falanqeeyo, ka dibna lagala soo baxo faa'iidooyinka ku
qarsoon nusuusta Shareecada waa tabihii ay mustashriqiintu Islaamka
kula dagaallameen. Waxay qoreen mustashriqiintu kutub badan oo ay
uga hadlayaan qaybaha kala duwan ee diinta. Sida badan, kutubtaasi
waxay si muuqata iyo si dadbanba u durayaan Islaamka, iyagoo isku

179 «يَقْطَعُ الصَّلَاةَ الْمَرْأَةُ وَالْحِمَارُ وَالْكَلْبُ، وَيَقِي مِنْ ذَلِكَ مِثْلُ مُؤَخَّرَةِ الرَّحْلِ» fiiri kitaabka
Shiikh Albaani "صحيح الجامع الصحيح وزيادته"
180 Fatima Mernissi (1987/1991).
181 Cabdulcasiis Kaxiil. (2009).

muujinaya in ay Islaamka u adeegayaan. Cilmibaarayaal Muslimiin ah ayaa isku dayey in ay kutubtaa kala hufaan, bulshadana u kala caddeeya waxay xanbaarsan yihiin. Cilmibaarayaashaa qaarkood ayaa soo uruuriyey kutubta ay mustashriqiintu qoreen kuwooda ugu fog ee ugu dhibaatada badan.[182]

Dhanka kale, waxaa jira qorayaal carbeed oo ay saameysey aragtidii mustashriqiintu, sida Qaasim Ammiin, oo soo guuriyey waxyaabihii mushtashriqiintu ka qoreen dumarka Muslimiinta. Waxaa qoraalladiisa iyo aragtidiisa buunbuuniyey urruradii Galbeedka sida European Christain Women Missionary, kuna faafiyey dunida Muslimka. Waxay abaabuleen kulammo ay ka soo saareen baaqyo ay u dirayaan golayaashii dumarka ee Galbeedka ka jirey, ugana war bixinayaan darxumada dumarka Muslimiinta haysata.[183]

Aragtidaasu si xawli ah ayey ku faaftay, waxaana soo baxay dumar si aan gabbasho laheyn u faafiya, iskuna magacaabey in ay yihiin dumarnimo-u-dirirka calmaaniga ah (secular feminism). Waxay bilaabeen dhaqdhaqaaq xooggan oo ay dumarka ku kicinayaan, uguna yeerayaan in ay xuquuqdooda u dagaallamaan, sida ay ku gaari karaanna ay tahay iyagoo ka duula mabda'a Calmaaniyadda. Waxay ka soo horjeesteen in Islaamku lug ku yeesho hagaajinta xaaladda haweenka. Waxay u arkayeen in sinnaanta laga abbaaro dhanka siyaasadda iyo dhaqan-dhaqaalaha, dumarkuna ay dhan kasta ragga kala sinmaan.[184] Dumarkaas xagjirka ah, kuwii Galbeedka iyo kuwii kaleba, waxay gacanta ku dhigeen dhammaan hay'adihii caalamiga ahaa ee arrimaha dumarka ku shaqada lahaa. Arrin kasta oo dumarka ku saabsan waxaa hormood u noqday kooxaha dumar-u-dirirka ah ee la dagaallama taranka dadka ee jinsi-gudka ah (lesbian). Tusaale ahaan, guddiga Qarammada Midoobey u qaabilsan arrimaha dumarka

---

182 Ismaaciil Cali Maxammed. (2016).
183 Joseph A. Massad (2015).
184 Riham B. (2011).

waxaa aasaasay haweeney ka mid ah kuwa difaaca arrimaha jinsi-gudka, kana soo horjeedda qoysnimada.[185]

Ololahoodii waxay gaarsiiyeen Qarammada Midoobey, waxayna soo saareen toddobaatameeyadii bayaan ay summad uga dhigeen sidii loo dabargoyn lahaa fongoridda dumarka lagu hayo. Bayaankaa waxay cinwaan uga dhigeen ʿElimination of all forms of discrimination against women' loona soo gaabiyo ʿCEDAW'. Bayaankaa waxaa lagu ansaxiyey kulan ay Qarammada Midoobey ku qabatay Kobenheegan, sannadkii 1980 oo ay kooxdani abaabushey.[186]

Dhanka kale, waxaa soo baxay koox kale oo iyaguna la baxay dumarnimo-u-dirirka Islaamiga ah, kuna diiddan qoladan kale in diinta laga cararo. Waxay soo jeediyeen in Islaamka sal looga dhigo horumarinta dumarka, loona maro Shareecada Islaamka ilaalinta xuquuqda haweenka. In arrinka laga abbaaro dhanka bulshada, meeshana laga saaro fahanka khaldan iyo dhaqammada hor taagan hagaajinta xaaladda dumarka. Waxay qabaan in fahamka guud ee Islaamka dibuhabeyn lagu sameeyo, lana abuuro jawi wadahadal, dumarkana lagu dhiirrigeliyo ka qaybqaadashada horumarka bulshada.[187]Labada kooxood waxay wadaagaan mabda'a ah in dibuhabeyn lagu sameeyo xuquuqda haweenka, waxayse isku diiddan yihiin qaabka iyo jidka loo marayo.

Labada kooxood ee arrimaha dumarka u ololeeya, kana soo baxay waddammada Muslimiinta, aragti ahaan wax badan ayey ku kala duwan yihiin, haddana waxaa muuqata dareen ay wadaagaan oo ah in ay jirto xuquuq badan oo ay dumarku lahaayeen oo ka maqan. Aragtida guud ee kooxdan la baxday dumarnimo-u-dirirka Islaamiga ah waa mid toosan. Qofku xuquuqda ka maqan inuu u maro Shareecada

185 Mathnaa Amiin(2011).
186 UNDP. (2009).
187 Riham B. (2011).

Islaamka waa arrin qof walba oo Muslim ah la farey, waxaase lagama maarmaan ah in xuquuqda maqan ee la raadinayo ay tahay mid sharcigu gabadha Muslimadda ah siiyey. Waxaad mooddaa arrimo badan in ay ku dhisan yihiin qaylo Galbeedka ka soo yeertay, ka dibna lala boodey iyadoon la dhiraandhirin. Waa wax dhab ah in gabadhii Kiristanka aheyd ay Kaniisadda iyo bulshadii ay ku dhex nooleydba ay dumarnimadeedii ku xad gudbeen, garna loo siin karo in ay dulmigaa ka gilgilato. Islaamku gabadha Muslimadda ah ma karaamadeedii iyo dadnimadeedii ayuu u soo celiyey, mise waa duudsiyey?

Dhanka kale, dibuhabeynta fahamka islaamka lagu sameynayaa, waa ereyo ka dhashay cadaadiskii iyo khalkhalkii uu mabda'ani abuuray. Waxaa soo baxay isku dayo badan oo lagu rabo in lagu qanciyo dadkii ololahaa wadey oo ay gadaal u fadhiyeen hay'ado iyo dawlado awood badan. Fasiraad iyo qeexid cusub ayaa soo baxay, muujinayana dabac iyo nugeyl badan oo diinta la geliyey. Dood badan ayey dhalisay waxkatag dhanka diinta ah oo lagu tuhmey aqoonyahanno badan, qaarkoodna ay masaa'il badan oo middani ka mid tahay ku simbiriirixdeen.

Waxaa jirey waddammo ay labadaa kooxeed ee kala matala mabda'a Islaamka iyo kan calmaaniga ay haysteen duruufo isu eg. Qolo walba waxay sheeganeysey waxay ahaayeen wax jirey, waxayna wax ka doonayeen hal nidaam. Tusaale, Turkiga oo qaatay mabda'a Calmaaniyadda, dastuurkoodu wuxuu dhigayaa in ay dumarku dhan walba ragga kala xuquuq yihiin, arrimaheeda khaaska ahna ay u madax bannaan tahay. Kuwii calmaaniga ahaa maanay helin sinnaantaa, waxayna dawladdii jirtey ku eedeeyeen in ay dhinac martay mabda'ii Calmaaniyadda. Dhanka kale, dumarkii dumarnimo-u-dirirka Islaamiga ah waxay raadinayeen in ay helaan xuquuqdooda qof ahaaneed, loona oggolaado xijaabka iyo waxyaabaha lama huraanka u ah ee Islaamku farayo. Waxay kala ahaayeen qolo xuquuqdii sinnaanta raadineysa iyo qolo xuquuqdoodii diineed raadinaysa.[188]

---

188 Yeşim A. (1998).

Qayb saddexaad oo dumar ah ayaa dunidii Muslimka ka soo baxay, kuwaas oo muujiyey in Islaamku gabadha Muslimadda ah siiyey xuquuq, dhanka kalena uu saarey waxyaabo looga baahan yahay, ragguna ay taa kala mid yihiin oo xuquuq ay leeyihiin iyo xil la saaray ay jiraan. Waxay caddeeyeen hawlaha qaar oo ragga gaar looga dhigaa in aanay aheyn kuwo dumarka hoos loogu dhigayo, xaqoodana lagu duudsiyayo. Arrinkaasu inuu yahay hawl-qaybsi ee aanu duudsi aheyn ayey caddeeyeen.[189]

Xeeldheerayaal badan oo waddammada Galbeedka u dhashay ayaa tilmaamay in kacdoonkii dumarka ee Yurub ka bilowdey ee doonayey in ay ragga dhinac walba kala sinmaan uu Yurub ku abuuray jahwareer. Waxaa ka hoos baxday ama ay illoobeen kala duwanaanta weyn ee labada jaad u dhaxeysa, maskax ahaan iyo jir ahaanba. Haba u arkaan in ay ku guuleysteen wixii ay raadinayeen, laakiin Yurub waxay ka dhigeen sidii qof geeddi iyo socod ku jira oo aan garaneyn meel uu dego ama ku hoydo.[190]

Dhanka kale, waxaa mar walba jirey eedeyn waddammada Galbeedka lagu eedeynayey labo-wejiilannimo dhanka xuquuqda haweenka ah. Xilligii gumeysiga, madaxdii maamulladii gumeysiga ee waddammada Muslimiinta joogey ee u ololeynayey xuquuqda dumarka, marka ay waddammadooda joogaan waxaa qaarkood lagu sheegi jirey in ay yihiin rag dumarka neceb (misogynist). Sidoo kale, Maraykanku waxay aad uga hadli jireen xuquuqda haweenka, gaar ahaan Afgaanistaan, iyagoo diidey, xilligii Bush, in ay dib-u-eeg ku sameeyaan heshiiskii caalamiga ahaa ee xuquuqda dumarka ee marka la soo gaabiyo loo yaqaanney CEDAW.[191]

---

189 Faadumo Cumar (1995).
190 Mustafa Sibaaci (2003).
191 Joseph A. Massad (2015).

Koox badan oo rag iyo dumarba leh, kuna nool Galbeedka iyo dhulka Muslimka, ololahaasna si weyn uga qayb qaatay ayaa dib iska qabtay. Kuwo badan oo dumarka Muslimiinta ah ugu yeeri jirey in ay gabdhaha Yurub ku daydaan ayaa qiray in aanay suurtagal aheyn in ay labada jaad ee ragga iyo dumarku ay dhan walba oo arrimaha bulshada ah ka sinmaan. Waxay caddeeyeen in arrimahaasu yihiin kuwa ku xiran abuurka, aadanuhuna aanu waxba ka beddeli karin. Jaad walba hawsha loo dooray haddii uu ka leexdo waxaa isku dhexyaacaya nolashii bulshada, waxaana lumaya isku dheellitirkii bulshada.[192]

Saddexdaa qaybood ayey dumarkii Islaamku u kala jabeen. Qayb si duudduub ah ayey u qaateen mabda'ii dumarnimo-u-dirirka calmaaniga ahaa. Qaybta labaad, waxay isku dayeen in ay meel dhexe istaagaan, iyagoo qoladaa xagjirka ah wax badan ku diiddan. Waxay rumeysan yihiin in dumarka xuquuqi ka maqan tahay, taas oo ay keentay faham khaldan oo nusuusta diinta laga qaatay, sidaa darteed, nusuustaa dibuhabeyn lagu sameeyo. Waa aragtida culimada qaar ku tilmaameen hawo-raacnimo, eeddaas oo ay u jeediyeen qolooyin nusuus badan garab martay, ama u leexiyey macne aaney qaadan karin, iyagoo sheeganaya in ay haweenka xaqoodii ka maqnaa ay u soo dhicinayaan.[193] Qaybta saddexaad, waxay istaagtey dhanka kale, waxayna caddeeyeen in gabadha Muslimadda ah ay ku filan tahay xuquuqda Islaamku siiyey. Wixii hawl ah ee labada jaad loo kala duwey in aanay aheyn kala saramarin ee ay tahay hawlqaybsi. Jaad walba waxaa la siiyey hawshii dhaqankiisa iyo abuurkiisa ku habbooneyd.

Sannadihii dambe ayey dumarnimo-u-dirirkii Yurub soo labo kacleysey, gaar ahaan waddammada Faransiiska iyo Holand. Waxay dareemeen in dhaqammo badan oo halis ku ah mabda'oodii dumarnimo ee calmaaniga ahaa ay si sibiq ah ku fidayaan, dhaqammadaasna waxaa kow ka ahaa Islaamka. Isbeddel ayey ka dareemeen dumarkii

---

192 Saamir S. Amiiniyi (2012).
193 Cabdulqaadir C. Diini (2013).

Muslimiinta, kuwaas oo ay ku soo kordheyso ku dhaqanka shareecada, taas oo ay u arkeen in ay ka soo horjeeddo qorshahoodii diin la dirirka ahaa. Waxay bilaabeen olole iyo doodo ay ku diiddan yihiin isbeddelkan bulsho, gaar ahaan Muslimiinta. Kacdoonkaasu wuxuu sii xoogeystey xilligii ay soo baxday in dumarka Muslimiinta ah loo diido in ay madaxa daboolaan ama gambo xirtaan.[194]

Aragtidan iyo ololahan cinwaanka iyo halkudhigga looga dhigay ilaalinta iyo raadinta xuquuqda haweenka, waxaa ku hoos qarsoon qorshe iyo ujeeddo qaylo-dhaantaa ka xeel dheer. Waxaa jira qorshe muddo dheer laga baaraandegayey, laguna doonayey in Islaamka iyo Muslimiinta lagula daggaallamo. Dagaalka ugu adag ee bulsho lagu qaado waa in la dhalanrogo ilbaxnimadeeda iyo dhaqankeeda. Haddii la rabo in la dhalanrogo ilbaxnimada iyo dhaqanka ay bulsho leedahay, waxaa laga burburiyaa oo laga abbaaraa saddex meelood, waana qoyska, waxbarashada iyo iyo dadka waxgalka ah. Sidaa waxaa ku taliyey mushtashriq reer Galbeed ah isagoo si gaar uga hadlaya Muslimiinta.[195] Markii ay Kiristanku ama reer Galbeedku ay Muslimiinta ku soo qaadeen dagaallo badan oo magacyo kala duwan leh, kuna guuleysan waayeen in ay Muslimiinta uga adkaadaan awood ciidan, ayey baadigoobeen tab kale oo lagu jabin karo. Waxay ogaadeen qaabka kaliya ee looga adkaan karaa in uu yahay in gudaha laga burburiyo. Saddex tiir oo ka mid ah kuwa bulshadu ku taagan tahay in la siibo ayuu soo jeediyey mushtashriqaa sida qotoda dheer cilmi-baarista ugu sameeyey Islaamka.

Qoyska in la burburiyo oo laga abbaaro hooyada, kaalinta ay qoyska uga jirtana la baabi'iyo. In hooyada loo tuso kaalinta ay reerka ku leedahay in ay tahay mid hoos loogu dhigayo oo bulshada looga takoorayo. Barbaarinta carruurta iyo hawsha guriga oo qoyska lafdhabar u ah in la nacsiiyo, loona tuso xabsi lagu hayo. Si haweeneydu dhibkaa iyo

194 Nella van den B. (2014).
195 Cabdulcasiis A Alcalawi. (2014).

109

bahdilkaa uga baxdo, waa in ay guriga ka soo baxdo oo ay ragga la qaybsato hawlaha ay gaarka isaga dhigeen ee siyaasadda iyo hoggaanka. Si loo burburiyo waxbarashada, in laga abbaaro macallinka. In booska uu bulshada ka joogo hoos looga dhigo, tixgelinta ummaddu u haysana la yareeyo, ilaa uu gaaro in ardaygu aanu wax tixgelin ah u hayn, ulana dhaqmo sidii qof caadi ah oo uu liido. Dadka waxgalka ah waxaa laga abbaaraa culimada iyo aqoonyahanka. Sharaftooda iyo aqoontooda in la duro, la baabi'iyo kalsoonida bulshadu ku qabto, ilaa la gaaro in la waayo qof wax weydiiya oo aqoon u doonta.

Waxaa markhaati ma doonta ah in ay shirqoolkaa ku guuleysteen, gabdho badan oo Muslimiin ahna ay u arkeen in ay ceeb iyo dibdhac ku tahay in ay guriga joogaan, gaar ahaan kuwii Galbeedka tagey. Dhanka kale, waxay ku dagmeen dumarkii Galbeedka oo cid u xilqabta aanay jirin, dantuna ku san dulleysey in ay noloshooda raadsadaan oo ay ragga feer yaacaan.

Burburkaa iyo qorshahaa Galbeedka u dejiyey in ay ku burburiyaan ummadda Muslimka ah, waxaa looga bixi karaa in la qaado tallaabo ka soo horjeedda. Si taa looga nabadgalo, waxa ugu horreeya, uguna mudan in la dhiso waa bulshada iyadoo laga soo bilaabayo qofka. Haddii aanay bulshadu dhan maskax, aqoon iyo mid anshaxba aanay dhisneyn, way adag tahay in ay sii waarto. Waxaa fudud in la dhalan rogo, si fududna lagu soo dhex galo, lana dooriyo maankeeda. Tusaale waxaa loo soo qaataa marka laga hadlayo mudnaanta koowaad ee ay leedahay dhisidda ruuxa iyo bulshada dhacdadii caanka aheyd ee darbigii Shiinaha.[196] Shiinuhu wuxuu dhisay darbi aad u dheer oo uu isku wareejiyey si uu difaac uga noqdo cadow aanay u babac dhigi karin, waxayna u sameeyeen illinno laga soo galo. Dhowr jeer oo la soo weeraray waxaa lagu guuleystey in difaacii adkaa la jiiro oo darbigii lagu tiir iyo tacab beelay uu waxba tari waayo. Darbigii lama jabin, lagamana soo boodin, laakiin tab kale oo ka fudud ayaa

---

196 zamanarabic. (2015).

loo helay. Waxaa lagu guuleystey in askartii waardiyaha haysey ee cadowga ilaalineysey la laaluusho ka dibna ay cadowgii u fududeeyeen inuu si dhib yar uga soo galo irridihii darbigu lahaa.

Waxay hor mariyeen dhismihii darbiga iyagoon markii hore dhisin maskaxda iyo garashada askariga waardiyaha haya, saldhig adagna aan u dhigin mabda'a iyo waxa askarigu uu rumeysan yahay ee uu u dagaallamayo. Kala hormarintaasu waa midda ay diinteenna suubbani na barayso. Culimadu marka ay ka hadlayaan heerarkii ay soo martay faafinta diinta iyo qaabkii uu Nabigu (NNKA) dadka diinta ugu yeerayey ama uu saxaabada u tarbiyeynayey waxay sheegaan in lagu bilaabay in la dhiso qofka caqiidadiisa iyo waxa uu rumeysan yahay, dhidibbadana loo adkeeyo. Sidoo kale, in la kurtumajaro ruuxa dhaqankiisa iyo aragtidiisa, lana kala baro sokeeyihiisa dhabta ah iyo cidda nacabka u ah, markaana uu gaaro xilli aan la loodin karin, naf iyo maalna uu u huro waxa uu aaminsan yahay. Mabda' kasta oo jidkaa loo maro, wax walbana laga hormariyo dhisidda qofka dhanka maskaxda iyo garaadka, wuxuu noqdaa mabda' bulshada maankeeda dega, bulshadaasina waxay noqotaa mid dadnimadeeda iyo aragtideeda aan la iibsan karin, xoolo iyo jago sare oo la siiyona aan lagu hodi karin.

Waddaniga Calmaaniga ah

In kasta oo meelo badan oo dunida Muslimka ah ay ka soo if baxday iskaashi ururrada lagu tiriyo waddaniyiinta iyo kuwa islaamiga ah, kuwaas oo ay kulmiyeen ka hortaggii calmaaniyiinta xagjirka aheyd, gaar ahaan calmaaniyiintii ka arriminayey Turkiga, haddana waxaa jirey waxyaabo badan oo ay isku diiddanaayeen.[197] Waddammo badan labadaa garab ee loogu kala yeero islaamiga iyo waddaniyiinta waxay iska kaashadeen la dagaallankii gumeysiga. Tusaale ahaan, halgankii gumeysi-la-dirirka ahaa ee Bakistaan waxaa iska dhinac

197 Gokhan B. (2011).

dagaallamayey urruro Islaami ah iyo kuwo shiico u badnaa oo magaca waddaniyiinta qaatay. Waxay kala wateen astaamaha kala ah waddaniyiinta Islaamiga ah iyo kuwo calmaaniga ah. Xorriyadda ka dib, waxaa labadii kooxood ka dhex aloosmay muran adag oo ku saabsan nooca ay noqoneyso dawladda la dhisayo. Kooxdii waddaniyiinta calmaaniga isku magacowdey ee ay shiicadu hoggaamineysey waxay soo jeedisay in la qaato mabda'a Calmaaniyadda, waxaana dabada ka riixayey dawlado uu gumeysigii Ingiriiska ka mid ahaa.[198]

Gumeysigu qayb ayuu ka ahaa abuurka qayb ka mid ah kooxihii waddaniyadda u dagaallamayey, kooxahaas iyo mabda'ii Calmaaniyadda waxay lahaayeen wax badan oo ay wadaagaan. Tusaale ahaan, Ingiriisku gacan ayuu ku lahaa abuurkii qayb ka mid ah qawmiyadda Carabta, isagoo u marayey inuu ku af gambiyo maamulladii jirey. Qaabka ugu habboon oo ay kooxahaas waddaniyiinta ahi ay hadafkooda ku gaari karaan waxay u arkeen, gumeysiguna ka dhaadhiciyey in ay qaataan mabda'ii Calmaaniyadda, iyagoo calaammaddii guud ee Islaamkana kor ka huwan. Waxaa iyana, dhanka kale, aragtidaa qaatay dumar badan oo dumarnimada u ololeeya, gaar ahaan kuwii Masar. Waxay dhinac istaageen waddaniyiintii calmaaniga aheyd, waxayna la baxeen waddaniyiinta dumarnimo-u-dirirka (natiolist feminist).[199]

Halgankii gumeysi-la-dagaalka ahaa waxaa meelo badan hoggaanka hayey ururradii loogu yeeri jirey ururrada Islaamiga ama waddaniyiinta Islaamiga ah, halgankana waxaa halkudhig u ahaa la jihaadka cadowga Muslimiinta. Xilligii xorriyadda la qaatay meelo badan oo ka mid ah dunida Muslimka waxaa si fudud hoggaankii dawladihii dhismay ula wareegay waddaniyiintii calmaaniga ahaa, qaarkoodna ay qayb ka ahaayeen halganka, waxayna qaateen mabda'ii Calmaaniyadda. Qayb badan oo kooxahaas ka mid ahaa waxay rumeysnaayeen in waddanka lagu hormarin karo oo kaliya nidaamkii calmaaniga ee Galbeedka ka

198 Sener A. (2015).
199 Chia-Ling Sh. (2010).

jirey. Qaar badan oo iyaga ka mid ahi waxay ka dab qaadan jireen oo gacansaar la lahaayeen ururro kale oo Yurub ka dhisnaa, kuwaasoo ku caan baxay la dagaallanka diimaha. Culimmo iyo hoggaamiyayaal ururradii Islaamiga ka mid ahaa ayaa ka gadoodey majaro-habaabintaa dhacday, iyagiina waxaa laga dhigay mid la dilo, mid la xiro iyo mid waddanka laga masaafuriyo. [200]

Culimmadii sida cad uga hor timid siyaasaddii waddaniyiinta calmaaniga aheyd waxaa ka mid ahaa kuwii reer Indooniisiya xilligii la wadey kacdoonkii gumeysigii Holand waddanka looga saarayey. Culimmadu waxay soo saareen bayaanno ay ku eedaynayeen in aanay waddaniyiintaasu tixgelin siineyn Shareecada Islaamka oo ay ka door bideen mabda'ii calmaaniga ee gumeysigu watey. Iyagoo gacan ka helaya gumeysiga, ayey dagaal la galeen ururradii Islaamiga ahaa ee waddanka ka jirey, iyagoo dadka ugu yeeraya kuna dhiirrigalinaya in ay ku taageeraan halgankooda ku dhisan xeerka Calmaaniyadda. Dhaqdhaqaaqyadii Islaamiga ahaa waxay calmaaniyiinta ku eedeeyeen inuu gumeysigu abuuray si loo kala jabiyo kacdoonkii looga soo hor jeedey. Calmaaniyiintii Indooniisiya oo ay xoog ku lahaayeen dadka laga tirada badan yahay ee aan Muslimiinta aheyn, waxay dadka ugu yeeri jireen waddaninnimo iyo inaan Shareecadu dadka kala duwan ee reer Indooniisiya aanay isku wadi karin. Waxay dadka ku boorriyeen in lagu daydo dhaqdhaqaaqyadii calmaaniyiintu horkacayeen ee Masar, Ciraaq iyo meelo kale ka jirey.[201]

Daraawiishta ka dib, xilliyadii Dagaalkii Labaad Soomaaliya waxaa ka bilaabmay dhaqdhaqaaq gobannimodoon ah oo ay hoogaaminayeen dhallinyaro waddaniyiin ah. dhaqdhaqaaqaasu wuxuu xoogeystay markii uu soo shaac baxay heshiiskii gumeysiga Ingiriiska iyo Itoobiya ee uu Ingiriisku dhulka Soomaali Galbeed Itoobiya ku wareejiyey. Waxaa aasaasmey ururro astaan ka dhigtay soo celinta dhulkaa la

200 **Sener A. (2015).**
201 Howard M F. (1977).

dhacay, waxaana ka mid ahaa urur la baxay (National United Front-NUF) kaas oo si gaar ah halkudhig uga dhigtay soo celinta dhulkii Soomaaliyeed ee Itoobiya la siiyey. Ururkaa waxaa aasaasay Maykal Maryama oo ahaa nin Soomaali ah, laakiin Kiristan ahaa. Ururkan iyo ururradii kaleba waxay bulshadii ka heleen taageero ballaaran, waxayna bilaabeen olole gudaha iyo dibadda ah oo arrinkaa looga soo hor jeedo.[202]

Sida ku cad qaab-dhismeedka ururrada, waxaa ka muuqata in qaabka gumeysiga loola dagaallamayey, wixii ka dambeeyey Daraawiishta, ay aheyd mid waddaninnimo iyo Soomaalinnimo ku dhisan. Tusaale waxaa noogu filan in Maykal uu hoggaaminayey ururkii ugu cadcaddaa ee ka soo hor jeedey dhulkii Soomaaliyeed ee Itoobiya lagu wareejiyey. Dhanka kale, markii xorriyadda la qaatay, ururradii gobannimadoonka hoggaaminayey waxay qaateen dastuurkii looga dhaqmayey Galbeedka ee calmaaniga ahaa. Taasi waxay ku tusineysaa in ururradii waddaniyiinta ee Soomaaliya ka jirey ay la mid ahaayeen, dhan mabda' iyo mid siyaasadeedba ururradii kale ee ka jirey dunida Muslimka. Dhanka kale, sidii ay calmaaniyiintii reer Masar yeeleenba, waxaa astaan laga dhigtay in diinta waddanku ay Islaamka tahay, lana oggoleyn diin kale in waddanka lagu faafiyo. Arrinkaasu inuu boor-isku-qaris ahaa waxaa muujinaya in dastuurka waddanka ay dajiyeen aqoonyahanno Talyaani ah, xeerka ay waddanka u qoreenna saldhig looga dhigay dastuurka Talyaaniga.[203]

Marka taariikhda Soomaaliya dib loo milicsado, laga soo bilaabo wixii ka dambeeyey kacdoonkii Daraawiishta, waxaa waddanka gacanta ku hayey waranle Xeer-Soomaaligii ka tagey. Xeerkoodiina ka tage, mid cusubna waddanka uma dejin. Waxay qaateen xeer qalaad oo labadii xeer ee Soomaaliya laga yaqaanney, kii Shareecada Islaamka iyo Xeer-Soomaaligii, aan midkoodna taageero ka haysan. Sidii aan soo xusnay,

---

202 Jama M. (2002).
203 Maxammed Turunji (2015).

xeer-yaqaanno shisheeye ah ayaa ku dhaliilay hoggaamiyayaashii dhaqdhaqaaqii gobannimadoonka iyo aqoonyahannadii Talyaaniga ee hormuudka ka ahaa dastuur-dejinta in aanay tixgelin siin Xeer-Soomaaliga. Mar haddii aanay qaadan Shareecadii Islaamka, waxaa habbooneyd in ay Xeer-Soomaaliga, inta la turxaan-bixiyo oo la horumariyo, ay waddanka ku dhaqan. Midka calmaaniga ah ee ay qaateen waa mid ay diyaarsadeen bulshadii Galbeedka iyagoo sal uga dhigay dhaqankoodii iyo hiddahoodii, sidoo kalena aanay ka marneyn diintoodda Kiristanka.

Waranlahaa xeerkaboodka ah wuxuu ka baxay oo dhaafay xayndaabkii iyo xeerkii qabiilka u yaalley, wuxuuna u xuubsiibtey waranle waddani ah. Waranlahaa waddaniga ah ee ka soo dhex baxay dhaqankii iyo xeerkii uu ku soo barbaarey ee miyiga ee soo galay magaalooyinkii oo uu gumeysi ka taliyo, waxaa ku dhacay dhaqan-doorsoon. Taa ka sokow, xeerkii uu ku soo barbaarey wax badan kama boodsaneyn Calmaaniyadda, waxaana ugu sii darsamey gumeysigii oo talada waddanku gacanta ugu jirtey, bulshadana u tusayey in qaabka kaliya ee ay dawladnimo ku dhismi karto ay tahay aragtida Calmaaniyadda. Dhanka kale, aqoonta gaaban ee ay bulshadu u laheyd maamulka dawladnimo, waxaa ugu darsamay aqoondarro dhanka diinta ah, taas oo ku keentay in ay oggolaadaan qaab-maamulkii gumeysiga.

Isu soo dhowaanshahaa labadii xeer, kii Calmaaniyadda iyo Xeer-Soomaaliga, waxay fududeysey heshiisyadii uu gumeysigu odayaasha la galay. Dhammaan heshiisyadii la galay waxay ahaayeen kuwo ku dhisan dano nabadgelyo, dhaqaale iyo mid siyaasadeen. Heshiisyo arrimaha diinta taabanaya ma aheyn kuwo doorka hore lahaa ama heshiisyada ka muuqdey. Sidaa darteed, waranlaha waddaniga ah waxa ugu weyn ee mudnaanta u leh oo ay isku aaneystaan waa waddanka, halka waranlaha qabiilka uu reerku yahay waxa dadka isku xira ee isku haya. Arrinkaasu wuxuu keenay in Maykal Maryama oo ahaa Kiristan waddani ah uu hoggaamiyo ururkii u halgamayey soo celinta dhulkii uu Ingiriisku siiyey Xabashida. Halkaas waxaa ka muuqda aragtidii aheyd in ay diintu tahay arrin qofka ku kooban, waddankuna yahay wax dadka ka dhexeeya. Sidaas oo kale ayey aragtidaasi Xeer-Soomaaligana uga muuqataa; in xeerka iyo reerku yahay xarigga dadka ka dhexeeya oo isku xira, diintuna qofka gaar u tahay.

DHAQAMMADAASI MA KA DHEX JIRAAN SOOMAALIDA

Dhaqammadaa ku hoos qarsoon Calmaaniyadda dhammaantood way ka jiraan bulshada soomaaliyeed dhexdeeda, haba u kala badnaadeene. Waxaa dhaqammadaa dhinac socda oo aan ka dhicin ololaha kiristaameynta bulshada. Warbixin la soo saarey waxay ku qiyaastay dadka Kiristanka ah ee soomaalida ah, kuna noolaa Soomaaliya sannadkii 2009 in ay gaarayeen ilaa kun qof. Waxay warbixintu ku dartay in dadkaasi ay cabsi ku nool yihiin, qaar badan oo ka mid ahna ay la kulmeen waxyeellooyin isugu jira dil iyo xadgudubyo kale.[204] Sida ay sheegtay hay'adda Maraykanka u qaabilsan qaxootiga, laga soo bilaabo 2002 dad gaaraya ilaa boqol kun oo soomaali ah ayaa Maraykanku qaatay oo dibudejin loo sameeyey. Dad ku dhow ilaa afar boqol oo qof ayaa sheegtay in ay Kiristan yihiin. Sidoo kale, qaxootiga soomaaliyeed ee ku jira xeryaha Kenya, dhowr qof ayaa sheegtay in ay diinta Kiristanka qaateen.[205]

Gudaha Soomaaliya waxaa isa soo taraya xogta sheegaysa in ay jiraan dad badan oo bulshada ku dhex jira oo is qariya oo sheegta

---

204 U.S. Department of Justice. (2016).
205 Lilian, O. (2017).

in ay Kiristan yihiin. Dadkaasu waxay leeyihiin goobo qarsoodi ah oo ay ku kulmaan iyo ururro ay xubno ka yihiin. Qaarkood waxay soo shaac baxeen markii koox Kiristan ahi ay sheegatay dhowr qof oo ku dhintay qaraxii ka dhacay isgoyska Zoobe ee Muqdisho, 14 Oktoobar 2017. Sidoo kale, tobaneeyo ku dhaawacantay qaraxaa waxaa la sheegay in ay Kiristan ahaayeen. Qaybo dadkaa gaalnimada lagu sheegay ka mid ah marna kama muuqan astaan kiristaannimo. Iskaba daaye, dumar ka mid ahi waxay xirnaayeen xijaab.[206]

Inta badan dadka Kiristanka sheegta waxaa la sheegaa in ay ku nool yihiin Koonfurta Soomaaliya, waxayna leeyihiin goobo ay ku cibaadeystaan oo dhulka hoostiisa ah. Ururrada ay leeyihiin waxay la baxaan magacyo iyo astaamo aanay diintoodu ka muuqan, sida kuwo isku magacaabay in ay yihiin xarumo cilmibaaris, saldhiggooduna uu Muqdisho ku yaal. Tirakoob ururradaasu sameeyeen waxay ku muujiyeen in dad aad u badan ay si joogto ah u yimaadaan guryaha qarsoodiga ah ee ay kaniisad ahaanta u isticmaalaan, kuwo badanina ay marmar booqdaan.[207] Dhanka kale, dad ay xigto ahaayeen iyo kuwo ay aqoon isku lahaayeen qaar ka mid ah dadkaa ku dhintay qaraxii Soobe ka dhacay 14-kii Oktoober 2017, kiristaannimadana lagu sheegay ayaa si aad ah u diiday sheegashadaas. Waxay caddeeyeen in arrinkaasu aanu sal iyo baar laheyn, qoladaasina yihiin kuwa doonaya in ay ummadda diinteeda wax u dhimaan, bulshadana kala dhantaalaan oo ay kala dilaan.[208]

Lama beeneysan karo in ay jiraan kooxo Kiristan ah, ama mabaadi' kale oo qalaad aaminsan oo ummadda ku dhex nool, lehna goobo qarsoodi ah oo ay ku kulmaan. Burburka waddanka ku dhacay wuxuu fududeeyey in cid walbaa ku dhuuman karto, cid dabagal ku sameysaana aanay jirin. Dhanka kale, in arrinkaasu been abuur yahay,

---

206 somaliforjesus. (2017).

207 somaliforjesus. (2017a).

208 Goobjoogmedia. (2017).

lana doonayo in bulshada lagu kala fogeeyo, tuhunna la kala geliyo waa qorshe ka mid ah tabaha ummadda lagu burburinayo. Sidoo kale, kama marna buunbuunin iyo in la beeneeyo hadalkii baxay ee ahaa, `Soomaalidu boqolkiiba boqol waa ummad Muslim ah.'

Dhanka kale, bulshada Soomaaliyeed waa bulsho ay aad ugu ciil qabaan ururradii kiristaameynta ee gumeysiga ku lammaanaa. Qaarkood waxay caddeeyeen in ay muddo aad u dheer ay Soomaaliya joogeen oo ay u suurtageli weydey in ay hal qof diinta Islaamka ka saaraan. Nin Ingiriis ah oo ka mid ahaa calooshooda-u-shaqeystayaashaa kiristaannimada faafinayey ayaa loo sheegay baadari Talyaani ahaa oo Soomaaliya joogey in ka badan soddon sano, intaana diintooda faafinayey oo ku guuleystey inuu labo qof diinta ka saaray. Ninkaas Ingiriiska ah waxaa yaab ku noqtay inuu wadaadkaa Talyaaniga ahi uu labo qof helo, halka aanu isagu hal qofna u helin.[209]

Marka laga tago ololaha kiristaameynta, waxaa sidoo kale Soomaaliya ka jira dhaqammada aan ku sheegnay in ay ku hoos lammaan yihiin Calmaaniyadda. Xilliyadan dambe waxaa soo baxay haween sheeganaya in ay xubno ka yihiin ururka LGBT, kana soo qaxay Soomaaliya markii lagu ogaadey arrinkaa. in ay dadka dhaqankaa leh ee Soomaaliya jooga ay ku nool yihiin ciriiri iyo cabsi joogto ah ayey qaar ka mid ahi sheegeen. Ururro ay abuureen haween Soomaali ah oo Galbeedka ku nool, iskuna tilmaamay in ay u doodaan xuquuqda haweenka, ayaa muujiyey dareen ay dumarkaa hiillo ugu muujinayaan. Waxay ku doodeen in haweenka dhaqankaa lihi aanay awood u laheyn in ay rabitaankooda iyo waxa ay rumeysan yihiin muujistaan, lana kulmaan cago-jugleyn, qaarkoodna shirqool dil ah loo maleegey oo ay ka bedbaadeen. Ururradaa sheegta in ay xuquuqda haweenka u doodaan qaar ka mid ah ayaa si dadban iyo si toos ahba u taageera aragtidan jinsi-gudka (lesbian).[210]

209 Gerald Hanley (1971).
210 Catrina, S. (2016).

Dhanka kale, dhowr nin ayaa sheegtay in ay Soomaaliya ka soo carareen markii lagu ogaadey in ay dhaqankaa jinsi-gudka (homosexual) leeyihiin, dilna loogu hanjabey. Si la mid ah ayaa iyana waxaa u soo baxay dad u doodaya ragga dhaqankaa leh, kana digaya inaan Soomaaliya dadkaa lagu celin. Waxay si gaar ah uga hadlayeen qaxootiga Soomaalida ee Kenya ku nool oo ay soo baxday in la qorsheynayo in Soomaaliya lagu celinayo. Waxay sheegeen in tallaabadaasi tahay jabin sharciga caalamiga ah ee qeexaya ilaalinta xuquuqda dadka laga tirada badan yahay haddii dadkaa lagu qasbo in Soomaaliya lagu celiyo iyadoo marmarsiinyo laga dhiganayo in qaybo waddanka ka mid ahi ay nabad tahay. Dadkaas naftoodu in ay halis ku jirto, dad arrinkaa lagu ogaadeyna Soomaaliya lagu dilay ayey digniin ku bixiyeen.[211]

Sidoo kale, waxaa jira ururro ay haween soomaaliyeed hormuud u yihiin oo u ololeeya aragtida xagjirka ah ee dumarnimo-u-dirirka (feminist). Haweenkaas qaarkood waxay wataan oo la baxaan magacyo aan aragtidaa muujineyn, sida la dagaallanka gudniinka fircooniga ah, ilaalinta xuquuqda haweenka. Waxay xubno ka yihiin ururro haween ah oo caalami ah oo aragtidaa qaba, sida urur Ingiriiska xaruntiisu tahay oo la baxay 'Womens Equality Party'.[212] Aragtidaa ay faafinayaan waxay qaarkood ku muteen in ay helaan abaalgudyo, billado iyo magac-sharafeed caalami ah. Waxaa lagu tilmaamay in ay yihiin halyeeyo ay dhab ka tahay mabda'a dumarnimo-u-dirirka, si weynna ugu dagaallama xuquuqda haweenka, dedaalna ku bixiya sidii ay dunida u noqon laheyd goob haweenka u roon.[213]

Waxaa soo baxay ururro haween ah oo wata halkudhigyadii haweenkii Galbeedka ee dumarnimadu madax martay ee u ololeynayey sinnaanta dhan walba ah ee ragga iyo dumarka. Waxay isku magacaabeen in ay yihiin kacdoon raadinaya sinnaanta labada jaad ee ragga iyo dumarka.

211 Noor Ali (Aljazeera). (2013).
212 Womens Equality Party. (2017).
213 Anna van Praagh . (2015).

Kulammo joogto ah ayey abaabulaan oo ay ku marti qaadaan madaxda ururrada kale ee haweenka iyo xubno kale oo u ololeeya aragtidan dumarnimo-u-dirirka ah. Warmurtiyeedka ka soo baxa kulammada ay yeeshaan iyo dareenka guud ee kulammadaasi xanbaarsan yihiin waxay muujinayaan in hardankii iyo loollankii dhex yiilley ragga iyo dumarka Galbeedka uu Soomaaliya si toos ah iyo si dadbanba ugu fidayo.[214]

Waxaan halkaa ka qaadan karnaa in ururro badan oo wata magacyo muujinaya u dagaallanka xuquuqda haweenka ay hoosta ku wataan mabaadi' iyo aragti intaa ka qoto dheer. Sidii aan horey u soo xusnay, aragtidaa dumarnimo-u-dirirka ah ee dhanka Galbeedka uga timid dunida Muslimka, haweenkii dunida Muslimka ee ay Soomaaliya ka mid tahay waxay u kala jabisey saddex qaybood. Qayb si duudduub ah u qaatay mabda'ii dumarnimo-u-dirirka ahaa ee rumeysnaa aragtida Calmaaniyadda. Qayb labaad oo qoladaa xagjirka ah wax badan ku diiddan oo qabta in dumarka xuquuqi ka maqan tahay, taas oo ay keentay faham khaldan oo nusuusta diinta laga qaatay, loona baahan yahay in diinta dib-u-habeyn lagu sameeyo. Labadaa qayboodba waddankeenna si weyn ayey uga muuqdaan, ha ku talo galeen, ama aqoondarro ha u geyso e. Qaybta saddexaad waxay qabtaa in gabadha Muslimadda ah ay ku filan tahay xuquuqdii Islaamku siiyey, wixii hawl ah ee ragga iyo dumarka loo kala duweyna aanay aheyn kala sare-marin ee ay tahay hawl-qaybsi.

Dhanka waranlaha oo aan labo u qaybin karno; waranle reereed iyo mid waddani ah, waxay u eg tahay in waranle-reereedkii sii shiiqayo oo waranlaha waddaniga ahi, laga soo bilaabo xornimodoonkii, uu bulshada ku xoogeysanayo. Qaybihii waddaniyiinta ee aan soo xusnay; mid Islaami ah iyo mid calmaani ahba, waddankeenna way soo mareen. Xukuumadihii waddanka soo maray waxay ahaayeen waranle waddani ah oo aragtidii Calmaaniyadda qaatay. Waranlihii waddaniga ahaa

---

214 Somali Gender Equity Movement (SGEM). (2017).

uma dhaamin wadaaddadii diinta waranle-reereerkii talada reerka geedka uga xiray. Waxaaba la oran karaa waranlaha waddaniga ahi wuxuu uga darnaa wadaadka midka waranle-reereedka. Waranlahaa aragtidii waddaniyadda qaatay wuxuu helay dawlad uu harsado oo siisa awood ka sarreysa waranlihii xukunkiisu reerka ku koobnaa. Awooddaa dheeraadka ah ee uu helay waranlihii xeer-kaboodka ama waddaniga ahaa waxay keentay in wadaadkii si qumman loo go'doomiyo, ugu dambeynna ay gaartay in toogasho lagu xukumo koox wadaaddo ah oo ka hadlay Xeerkii Qoyska ee ay Dawladdii Kacaanku soo rogtay.

Markii ay dawladdii dhexe burburtay 1991, waxaa soo noolaaday waranle-reereedkii, in kasta oo aanu awood u yeelan inuu buuxiyo booskii dawladda oo uu daboolo baahidii dawladnimo ee ay bulshadu qabtey. Dhanka kale, waxaa soo baxay labo awoodood oo iska soo horjeedda. Kacdoonkii ay Islaamiyiintu hor kacayeen, kuwaasoo ummadda wax weyn u qabtay, dhinacyo badan oo baahidii bulshada ahna qayb ahaan daboolay sida waxbarashada, dhaqaalaha iyo wacyigelinta ama hanuuninta bulshada. Dhinaca kale, qabqablayaashii dagaalka oo ay reer Galbeedku soo dhoweysteen iyagoo aad uga cabsi qabey dhaqdhaqaaqyadii Islaamiga ahaa. Waxay u arkayeen in ay qabqablayaashu yihiin cidda ugu dhaw ee geli karta ama matali karta booskii waranlihii xeer-ka-boodka ahaa ama waddaniga ahaa, lehna aragti calmaani ah. Sidoo kale, reer Galbeedku waxay u arkeen in qabqablayaasha looga hor tegi karo ururradan Islaamiga ah ee waddanka ku fidaya.[215]

Dhammaan dagaalladii wadaaddada iyo qabqablayaasha ee waddanka ka dhacay waxay salka ku hayeen aragtidaa reer Galbeedka iyo inta la halmaasha ay dabada ka wadeen ee wadaad-la-dagaallanka aheyd. Waxaa soo noolaaday aragtidii wadaad iyo waranle iyo dooddii aheyd inaan la arki jirin wadaad hub wata oo xukun raadinaya.

---

215 Afyare Abdi Elmi . (2010).

Qorshaha faafinta mabda'a Calmaaniyadda ee Soomaaliya kuma koobna kii hubeysnaa ee dagaal-oogayaashu hor kacayeen, ee waxaa dhinac socda, kana dhibaato badan midka dahsoon ee halkudhigyada macaan huwan, sida `si wanaagsan u wada noolaansho' iyo kuwo la mid. Ururweynaha ay calmaaniyiinta leeyihiin ee saldhiggiisu Ingiriiska yahay (NSS: National Secular Society), kulan ay qabteen oo ku aaddanaa sannadguuradii 150aad ee aasaaska ururka ayaa waxaa looga hadlay guulihii uu ururku gaarey muddadii uu dhisnaa. Waxaa ka mid ahaa guulaha la xusay sida ay mabda'a Calmaaniyadda dunida ugu faafiyeen, ku dhaqankii diimuhu ay si joogta ah u sii baaba'ayaan, hay'ad kasta oo dunida ka jirtana ay saameynta ugu leeyihiin. Dadka kulanka isugu yimid waxay ka kala yimaadeen dunida dacalladeeda, taasina waxay ka marag kaceysaa guulaha ay sheegteen in ay wax ka jiraan. Weyddiintii ugu saameynta badneyd ee ay ka qaybgalayaashu jeediyaan waxay ka timid haweeney Soomaaliyeed oo calmaaniyad ah, iyadoo ka qaybgalayaasha u gudbisey farriin muujineysa inuu jiro qorshe hididiilo leh oo ka jira Soomaaliya iyo yool ay higsanayaan. Weyddiin welwel iyo qaylodhaan ka muuqato ayey goobta ka jeedisey, ka qaybgalayaashana dareen gelisey. Waxay weyddiisey goorta bulshooyinka kale ee calmaaniyiinta ah, calmaaniyadduna saldhigatay ay gargaar u fidin doonaan walaalahooda weli halganka ku jira.[216]

Haweeneydaa Soomaaliyeed waxay muujisay in aanay kaligeed ku aheyn arrinkaa, waxayna u hadashay sidii in ay tahay ergey la soo dirsaday, dad ama ururro kalena ay ka dambeeyaan. Taasi waa dhab oo kaligeed kuma ahan, dad soomaaliyeed oo wata darajada iyo magaca `aqoonyahan' ayaa si bareer ah u caddeeyey in xalka keliya ee dawlad lagu noqon karaa uu yahay in la qaato aragtida Calmaaniyadda, Islaamkuna yahay cibaado qofka ku koobban oo aan maamul iyo hoggaan u suubbaneyn.[217]

216 National Secular Society. (2016).
217 The Middle East Media Research Institute. (2017).

Baqdintaa Calmaaniyadda laga qabo waxaa ka sii daran mabda' kale oo iyada ka halis badan, welwel weynna ay bulshadu ka qabto. Burburkii ka dib, Soomaaliya waxaa ku soo badanayey cabsida laga qabo in diinlaawannimadu ku faafto da' yarta ku barbaartay waddammada Galbeedka. Baqdintaasu ma daahin, waxaana soo if baxay dhallinyaro Soomaaliyeed oo sheegtay in aanay Alle iyo diin toona rumeysneyn oo ay yihiin diinlaawayaal (atheist). Koox aragtidaa qaatay oo ka soo jeedda waddammo kala duwan oo Muslimiin ah ayaa urur sameystey si ay isu weheshadaan.[218]

Dhammaan qodobbadaa kor ku xusani waxay muujinayaan in dhaqammada Calmaaniyada ku lammaan, ha ahaado diinlaawannimo, calmaani, dumarnimo-u-dirir iyo kuwo jinsi-gudka ah ay dhammaantood waddankeenna ka jiraan, haba ku kala badnaadeene. Qaarkood maba qarsadaan aragtidooda oo si cad ayey u sheegtaan, kuwo kalena magacyo iyo summado aan laga dideyn intay la baxaan, ayey si qarsoodi ah oo hoose qorshahooda u wataan. Col iyo gaajadii ummadaha lagu dabi jirey oo inta liidataa, dareen ahaan, dadnimo ahaan iyo aqoon ahaanba, ay ku lumi jireenna waddanka way hareeyeen. Cadowgoodii oo aan u tureyn intuu ka il helay ayey marna bulshadii hubka isugu dhiibaan, kolna iyaga ayaa inta waddanka soo gala, bad iyo berriba, waxay doonaan ka fushada.

---

218 Sarah, M. (2014).

XEERKA SOOMAALIDA IYO CALMAANIYADDA MAXAA U DHEXEEYA?

Xeerka Soomaalidu waa hannaan maamul oo leh sharci iyo nidaam la raaco oo u degsan, sidii aan soo xusnayna xeerar badan oo dunida ka jira ka harumarsan. Xeer-Soomaaligu ma ahan hannaan maamul oo diini ah, mana ahan mid diin ka maran. Xeerku wuxuu leeyahay waardiye iyo sharci ka dhowra in lagu xadgudbo, ciddii xeerka ka booddana ganaax adag ayaa la mariyaa. Xeerka reerka u degsan cidina hadal kama keeni karto, wuxuuna helaa ilaalin ka weyn midda diintu hesho. Waxaa laga yaabaa in aanay cidina dabo gelin sida qofku uu diinta ugu dhaqmo, haddii uu diinta ka baxana aan ruuxna waxba u sheegan mar haddii uu xeerka ku dhaqmayo. Arrinkaasu wuxuu muujinayaa wax u eg xornimo xagga diinta ah, xeerkuse waa ka duwan yahay oo cidina kama hor imaan karto. Meelaha qaar xeerarka ka jira qofku diinta uu rabo waa haysan karaa, laakiin looma oggola inuu labo diinood isla haysto, deegaannadaasna waxaa qofkaa looga yaqaan labo-kitaable. Ruuxii sidaa yeela xeerku wuxuu u dhigay in dhagax lagu dilo.[219]

---

219 Cabdalla Xaaji Cusmaan Ceeleeye (2010).

Qorayaal reer Galbeed ah oo Soomaaliya wax ka qoray oo uu ka mid yahay I M Lewis oo lagu yaqaan inuu wax badan ka qoray dhaqanka iyo waxyaabo la xiriira firsooca soomaalida ayaa ku tilmaamay qaab maamulka soomaalidu inuu la mid yahay midka calmaaniga ah ee ka jira Yurub. Waxay baaritaan ku sameeyen xeerka iyo sida loogu dhaqmo iyo cidda bulshada maamusha. Waxaa u soo baxday in xeerka iyo diintu kala baxsan yihiin, muuqaalka labadaa awoodoodna ay bulshada ka dhex muuqato, waranle iyo wadaadna ay kala matalaan. In ay bulshada Soomaaliyeed Xeerka ku dhaqanto, odayaal-dhaqameedkuna ay bulshada hoggaamiyaan, wadaadkana loola noqdo wixii arrimaha diinta ku saabsan ayey ogaadeen.[220] Xeer-Soomaaliga iyo mabda'a Calmaaniyadda oo wax badan oo xeerar iyo aragti ah wadaaga ayaa keentay in Xeer-Soomaaliga lagu sheego inuu xeer calmaani ah yahay.

Sidoo kale, ayuu Lewis meelo kale ku xusay in hannaanka maamul ee Soomaalidu uu yahay mid dimuqraaddi ah. Wuxuu qoray buug uu u bixiyey `A pastoral Democracy'. Iyadoo ay noqon karto qaabka uu u isku barbardhigayo mid dhanka doorashada ee odayaasha loo doorto ah, haddana waxaa laga dheehan karaa in ujeeddadu tahay inuu muujiyo in Xeer-Soomaaliga iyo Shareecada Islaamku ay labo maamul oo kala duwan yihiin.

Guud ahaanba ha is lahaadeene, Shareecada Islaamka iyo Xeer-Soomaaligu waa labo hannaan oo bulshada Soomaaliyeed ka dhex jirey. Taa waxaa ka marag kacaya in xilligii xorriyadda ay soo shaac baxday saddex xeer oo waddanka ka jirey, mid walbana uu lahaa qolo afhayeen u ah. Shareecada Islaamka oo culimmadu matalayeen, Xeer-Soomaaliga oo odayaal-dhaqameedku horkacayeen iyo kii calmaaniga oo gumeysiga iyo intii raacsaneyd ay u ololeynayeen. Arrinkaas wuxuu keenay in loo saaro guddi ka soo baaraan dega sidii saddexdaa xeer la isu waafajin lahaa. Taladii ugu dambeysey waxay

---

220 I M Lewis (1988).

noqotay in Calmaaniyadu ay gacanta sare yeelato, Shareecadii iyo xeerkii ummadda asalka u ahaana laga tallaabsado.[221]

Xeer-Soomaaligu waa dastuur degsan oo leh qodobbo la raaco, laamo kala duwanna leh. Iyadoo Soomaalidu leedahay xeer guud oo kulmiya, haddana deegaan walba wuxuu leeyahay xeer-hoosaad gaar u ah. Xeer-Soomaaligu wuxuu leeyahay laba tiir oo ay soo hoos galaan dhammaan xeerka degsan. Arrin kasta oo la galayo labo mid uun buu noqdaa; inuu dhiig yahay ama uu dhaqan yahay. Inta aan garta la gudo gelin ayaa la ogaadaa xaajada laga hadlayo dhiig iyo dhaqan dhanka ay gelayso. Iyadoo meelaha qaar Shareecada Islaamka tixgelin la siiyo, sida guurka, haddana sida xeerku u badan yahay waxaa saldhig u ah dhaqanka, hiddaha iyo caadooyinkii ummaddu kala dhaxashay.[222]

Sidaa ay bulshada Soomaaliyeed xeer ugu dhaqanto, diintuna agtooda ay tixgelin ku leedahay ayey si la mid ah uga jirtaa bulshooyin badan oo Muslimiin ah. Ra'yi dadweyne oo laga qaaday waddammo Muslim ah ayaa dad badan waxay sheegeen in ay jeclaan lahaayeen in ay isla helaan maamul iyo siyaasad calmaani ah iyo dhaqan Islaami ah. Qayb kale oo ballaaran waxay taageereen hannaan diineed dimuqraaddi ah, shareecada Islaamkuna tahay saldhigga sharciga. Qolo kale ayaa ku talisay in la lammaaneeyo Islaamka iyo Calmaaniyadda, lana helo xal dhexe oo aan diinta ka boodsaneyn, maamulkuna aanu mid diineed noqon, waana midda lagu magacaabey Calmaaniyadda Qunyar-socodka ah. Kuwo kale ayaa meel dhexe istaagay oo sheegtay in aanay dawlad diini ah aheyn, mid calmaani ahna aanay aheyn, lana baxay Calmaaniyo-waaxeed ama Calmaani-xigeen (quasi-secular).[223]

---

221 Andre Le Sage (2005).
222 Axmed Shiikh Cali Buraale (1977).
223 Lily Zubaidah R. (2011).

Haddii loo dhabbo galo, qaybahaa aan sheegnay, Xeer-Soomaaligu wuxuu u dhow yahay in la raaciyo calmaani qunyar-socod ah. Bulshadu diinta kama boodsana oo way tixgelisaa, markase ay maamul timaaddo, waxaad mooddaa in reer miyiguna ay Xeer-Soomaaliga door bidaan, qolada maamulka iyo hoggaanka dawladda haysaana qaab-dawladeedka dimuqraaddiyadda calmaaniga ah ay hor marinayaan. Waa jidkii ay qaadeen dawladihii waddanka soo maray, hoggaamiyayaashii xilligii dagaalkuna ay jidkaa hayeen, siyaasaddooda iyo maamulladii ay dhiseenna ay sidaa ka muuqatey.

Xeeldheerayaal dhaqanka iyo Xeerka Soomaalida wax ka qoray ayaa rumeysan in Shareecada Islaamka iyo Xeer-Soomaaligu yihiin labo nidaam oo wax badan ku kala duwan, xeerkuna uu ka mudan yahay Shareecada. Waxay soo qaateen halkudhigyo iyo ereyo halqabsi ah oo muujinaya in xeerku ka sito Shareecada, sida `diinta waa la beddeli karaa, xeerkase lama beddeli karo,' iyo `haddii Diinta iyo Xeerku kuu sinnaadaan, dooro Xeerka.'[224] Horey ayaan u soo tilmaanney in qofka aanay saarneyn wax cadaadis ah marka ay timaaddo ku dhaqanka iyo haysashada Diinta, xeerkase aanu ka leexan karin. Ganaax adag ayaa qofkaa la saaraa, `xeer-kaboodna' waa loogu yeeraa.

Sidii aan soo xusneyba, Xeer-Soomaaligu wuxuu u qaybiyey wixii dadka dhexmara oo la isku qabsan karo dhiig iyo dhaqan. Dhiig waxaa soo hoos gelaya wixii fal ah ee qof lagula kaco, sida dil, dhaawac iwm., dhaqanna wixii xilo iyo xoolo ah. Xeerarka dunida ka jiraa labadaas uun bay soo hoos galayaan.[225] Intaa ka dib ayaa loo sii dhaadhacaa laamaha ay qayb walbaa leedahay.

Iyadoo Xeer-Soomaaligu leeyahay waxyaabo badan oo lagu ammaano, haddana waxaan la diidi karin in ay jiraan qaybo badan oo aan Shareecada Islaamka raacsaneyn. Sidoo kale, qodobbo badan oo

---

224 Michael van N. (2005).
225 Axmed Shiikh Cali Buraale (1977).

Xeer-Soomaaliga ka mid ahi waxay la mid yihiin ama wax badan isku raacsan yihiin kuwo mabda'a Calmaaniyadda ah. Si aan arrinkaa dhabnimadiisa u ogaanno, waxaan isku dayeynaa inaan shaxda hoose ku soo bandhigno qaybo ka mid ah xeerarka ciqaabta, kuwaas oo hoos galaya qaybta dhiigga ee Xeer-Soomaaliga. Waxaan isbarbar dhigeynaa xukunka fal-dambiyeeddadaas ee Shareecada Islaamka, Xeer-Soomaaliga iyo midka Calmaaniyadda.

Waxaan soo qaadaneynaa shanta qodob ee uu Islaamku muhiimadda weyn siiyey ee lagu magacaabo Lama-dhaafaanka shanta ah 'الضروريات الخمسة', sidoo kalena xeer iyo sharci kasta oo dunida ka jiraa ay si weyn u ilaaliyaan. Shantaasi waxay kala yihiin: Ilaalinta diinta, ilaalinta nafta, ilaalinta caqliga, ilaalinta nasabka iyo ilaalinta maalka. Waxaan soo qaadaneynaa gefaf kala duwan oo mid walbaa mid shantaa ka mid ah wax u dhimayo. Diinta oo laga baxo ama la diido ku dhaqankeeda waxay wax u dhimeysaa diinta, qof la dilo ama la dhaawaco nafta ayey waxyeeleysaa, sinada iyo kufsiga nasabka iyo taranka ayey dhaawacayaan, tuugannimadu xoolaha, khamriguna caqliga. Qodob kasta oo dambiyadaa mid ka mid ah fala, Shareecada Islaamku waxay u yeeshay ciqaab iyo ganaax la mariyo, Xeer-Soomaaliga iyo Calmaaniyadduse qaarkood ganaax ayey leeyihiin, kuwana fal-dambiyeed uma arkaan.

Iyadoo Soomaalidu leedahay xeer guud oo ka dhexeeya, haddana waxaa jira kala duwanaan deegaannada ah, ganaaxa dambiyada qaar la saarana way ku kala tagsan yihiin. Waxaa laga yaabaa goobaha qaar in fal qof sameeyey lagu xukumo ganaax adag, halka deegaan kale uu ka fudud yahay. Tusaale ahaan, lug la gooyo deegaannada qaar waxay magteedu gaartaa ilaa 40 halaad, halka goobo kale magteedu tahay 15 halaad. Xubnaha kale ee jirkana sidaas oo kale ayey ugu kala duwan yihiin.

Shaxda 2aad:
Isbarbardhigga xukunka fal-danbiyeedyada ee Shareecada Islaamka, Xeer-Soomaaliga iyo Calmaaniyadda.

Fal-dambiyeed	Shareecada Islaamka	Xeer-Soomaali	Calmaaniyadda
Diinta oo laga baxo	Dil	Waxba	Waxba
Ku dhaqan-la'aanta diinta	Gef ama dambi weyn, gaalnimona gaari kara	Diintu in aanay maamulka soo faro gashan.	Diintu in aanay maamulka soo faro gashan.
Dilka kaska ah	Mag ama qisaas	Mag	Xabsi
Kufsiga	Dil ama 100 jeedal ah iyo hal sano oo dhulka laga eryo	Xaal	Xabsi
Gogoldhaafka qof aan guur soo marin	100 jeedal ah iyo hal sano oo dhulka laga eryo	Waxba	waxba
Gogoldhaafka qof guur soo maray	In dhagax lagu dilo	Waxba	waxba
Gogoldhaafka haweeney reer leh	In dhagax lagu dilo	Waxba	waxba
Jinsigud (ninka nin kale u taga)	Dil	Waxba. (Deegaannada qaar ganaax ilaa 50 halaad ah).	waxba
Tuugannimada	Gacan-goyn	Ganaax 2 ilaa 7 laab wuxuu xaday	Xabsi
Khamriga	Karbaash	Waxba	Waxba

Ilwareedka: Xeerkii Soomaalidii hore, Xeer Ciise, The law of the Somalis.

Kala duwanaan weyn ayaa ka muuqata sida falalkaa ay u arkaan Shareecada iyo Xeer-Soomaaligu, sidoo kale ayeyna ugu kala duwan yihiin magdhowga loo xukumo waxyeellada soo gaarta xubnaha jirka. Meelaha qaar magdhowga Shareecadu u xukunto dhibka xubnaha jirka loo geysto iyo midka Xeer-Soomaaligu way is leeyihiin, sida magdhowga indhaha. Waxaa jira xubno magdhowga xeerku siiyey uu ka duwan yahay midka ay shareecadu u goysey. Tusaale ahaan, magta haddii qofka lug laga gooyo, Shareecadu waxay siisay magta barkeed, halka xeerku siiyey 15 ilaa 40 halaad. Sidaas oo ay tahay deegaannada qudhoodu wax badan ayey ku kala duwan yihiin. Iyagoo ku kala duwan magta gacanta, ayey haddana ku kala duwan yihiin midda labada gacmood mag badan. Qolaba mid ayey qiime badiyaan iyagoo u eegaya waxa ay qofka ugu fadhido. Haddii qofka dheg la gooyo, meelaha qaar xeerku mag ayuu u xukumaa, deegaammada qaarna xaal ayaa la bixiyaa, sida in ninkii dhegta laga gooyey gabar la siiyo. Waxay qabaan in qofkaa dhegta laga gooyey aanay magtu foolxumo ka bi'ineyn, waxa uu ku samri karaana ay tahay in gabar la siiyo.

Si aan u falanqeynno arrimahaa aan shaxda ku muujinney, waxaan mar labaad ku soo bandhigeynaa garaaf. Waxaan eegeynaa inta fal ee xeer kastaa fal-dambiyeed u arko, ama ku xukumo ciqaab-jireed, amaba ganaax, ganaaxaasu xoolo, xaal ama xabsi kuu doono ha ahaado.

Garaafka 1aad:
Isbarbardhigga xukunka fal-danbiyeedyada ee
Shareecada Islaamka, Xeer-Soomaaliga iyo Cilmaaniyadda

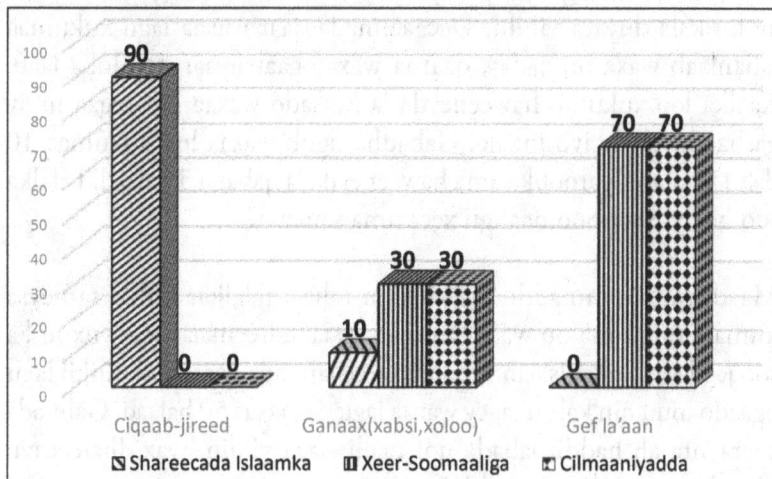

Garaafku wuxuu na tusayaa, marka la eego tobankaa arrimood ee aan garaafka ku muujinnay, in Shareecada, Xeer-Soomaaliga iyo

Calmaaniyaddu ay ku kala duwan yihiin. Shareecada Islaamku tobankaa arrimoodba waxay u aragtaa in ay fal-dambiyeed yihiin, dhammaantoodna xukunkoodu yahay ciqaab-jireed. Labo fal-dambiyeed ayaa midna ganaax la socdaa, midna ganaax lagu beddeli karaa. Ruuxa galmo xaaraan ah sameeya isagoo aan guur soo marin karbaashka waxaa u weheliya in hal sano oo ganaax ah dhulka laga eryo. Ruuxa qof si kas ah u dila, sokeeyaha qofka la dilay waxay dooran karaan in ay mag ka qaataan. Dhankaa marka laga eego, labo gef ayey Shareecadu oggoshahay in midna ganaax xoolaad lagu beddeli karo, midna ganaax eryid ah lagu lammaanin karo. Sidaa darteed, marka la isku daro labadaa bar ee labadaa fal-dambiyeed, waxaan ka soo qaadney in Islaamku hal mar oggol yahay ganaax.

Xeer-Soomaaligu tobankaa fal uma haysto in ay dhammaantood fal-dambiyeed yihiin. Saddex ka mid ah wuxuu xeerku u arkaa in ay gef yihiin, wuxuuna ku xukumay ganaax xoolo ah. Dilka wuxuu ku xukumay in mag laga bixiyo. Mararka qaar waxaa qofka wax dilay lagu xukumaa dil, arrinkaase ma ahan mid xeer loo cuskadey ee waa mid Shareecada laga soo qaatay. Tuugga ganaaxiisa deegaannadu waa ay ku kala duwan yihiin. Deegaannada qaar waxaa lagu xukumaa labanlaab waxa uu xaday, qaarna waxay gaarsiiyaan toddoba-laab. Xaalka loo xukumo haweeneyda la kufsado waxaa loo eegaa in ay gashaanti tahay iyo inkale. Gabadha ugub waxaa loo xukumaa 10 ilaa 15 halaad, garoobka ama haweeneyda la qabana 5 halaad. Falalka soo haray Xeer-Soomaaligu xeer uma sameyn.

Maaddaama ummaddu ay Muslim tahay, falalkaa cidda sameysa kuma ammaanna oo waa lagu ceebeeyaa, dareenkaasuna wuxuu ka soo jeedaa dhanka Islaannimada. Deegaannada qaarkood ninkii lagu ogaado inuu nin kale u tagey waxaa lagu ganaaxaa 50 halaad. Galmada xaaraanta ah haddii labada qof raalli isaga yihiin, wax dhaleecayn dhaafsiisan xeerku uma dhigin.

Haweeneyda iyadoo la qabo gogoldhaaf sameysa ganaaxeedu wuxuu noqdaa in la tag xiro, bulshadana tuke canbaar leh ay ka noqoto. Deegaannada qaar ninka wax kufsaday waxaa la ganaaxi karaa marka haweeneydu ay qayliso ama muujiso in la muquuniyey. Haddii aanay qaylin, goor dambena ay sheegto in la xoogay, waxba ma leh oo ninka waxba loo raacan maayo. Maandooriyaha sida khamriga iyo wixii la mid ah xeer loo dhigay oo la raaco Xeer-Soomaaligu uma sameyn.

Marka ay timaaddo arrimaha diinta, wax xukun ah xeerku uma sameyn qofkii diinta ka baxa, laakiin xeerka iyo caadada reerku leeyahay cid hadal ka keeni kartaa ma jirto. Deegaannada qaar ayaa si cad u tibaaxay in qofku diinta uu doono qaadan karo, loomase oggola in uu labo diimood isku haysto. Gobollada kale, yaaney sidaa u caddeynnine, dhaqanka iyo bulshada way ka muuqataa in qofkii diinta ka   baxa aan waxba loo sheegan, arrinkiisuna aanu afka iyo dhaleecayn dhaafin. Dhanka ku dhaqanka Shareecada Islaamka, Xeer-Soomaaligu meel cad ayuu iska taagey, wuxuuna caddeeyey inaan wadaad boos uga bannaaneyn xukunka iyo maamulka bulshada. Diinta in la tixgeliyo, wadaaddada tuftooda la barakeysto, masaajidka iyo goobaha diinta lagu bartana aanay soo dhaafin ayuu xeerku gooyey. Dagaal af iyo addin ah in lagala hor tago wadaadkii hoggaanka hunguriyeeya ayaa waranle iyo Xeer-Soomaaligiisuba ku heshiiyeen. Sidaa darteed, diintu in ay noqoto cibaado Alle iyo addoonka u dhaxeysa, arrimo kooban oo uu guurku ka mid yahay Shareecada lala aado, Xeer-Soomaaliguna noqdo saldhigga garsoorka iyo hoggaanka bulshada ayaa xeerkii iyo waranlaba xaajadii ku gooyeen.

Mabda'a Calmaaniyaddu falalkaas oo dhan uma wada arko fal-dambiyeed, taana wuxuu kala siman yahay Xeer-Soomaaliga. Sidoo kale, ma jiro fal lagu qaado ciqaab-jireed, sida dil, arrinkanna wuxuu kala mid yahay Xeer-Soomaaliga. Waxa kale oo Calmaaniyaddu la wadaagtaa Xeer-Soomaaliga inta fal ee dambi loo arko oo ah saddex fal, toddobada soo harteyna labadooduba fal-dambiyeed ganaax la yaqaan leh uma haystaan. Calmaaniyaddu xukunka saddexdaa fal waa ciqaab xirid ah oo qofka xabsi la geliyo, Xeer-Soomaaliguse xukunkaas kuma raacsana oo ganaaxiisu waa mid xoolaad.

Waxaa xusid mudan in qaar waddammada Galbeedka ka mid ah oo xilli hore joojiyey dilka ay hadda soo jeediyeen in xukunkii dilka la soo celiyo. Ingiriiska oo xukunka dilka joojiyey 1965, xubno baarlamaanka waddanka ka mid ah ayaa waxay dawladda ugu baaqeen in gefafka qaarkood lagu fuliyo deldelaad. Waxay soo jeediyeen in maxkamadaha loo oggolaado in ay danbiyada qaar dil ku xukumi karaan, iyagoo tusaale u soo qaatay nin weeraray xarunta Madaxtooyda bishii Maarso, 2017. Wasiirka Caddaaladda ayaa loo xilsaarey inuu arrinkaa dib-u-eeg ku sameeyo in ay suurtagal tahay in dib loo soo celiyo xukunkii dilka, si loogu xakameeyo dhicidda danbiyada waaweyn.[226]

Marka aan lafo gurno shaxda iyo garaafku natiijada ay na tuseen, waxaa muuqata in Xeer-Soomaaliga iyo Calmaaniyaddu ay is waafaqeen 75% marka loo eego sida ay u arkaan falalkaas. Si kale markii loo tilmaamo afar-meelood saddex qaybood ayey is raacsan yihiin. Waxa kaliya ee ay ku kala duwan yihiin waa ganaaxu nooca uu yahay. Xeer-Soomaaligu xirid iyo xabsi cidna kuma xukumo. Waxaa laga yaabaa taa in ay keentay arrin la xiriirta qaab-nololeedka bulshada. Bulshada Soomaaliyeed oo u badan dad reer guuraa ah, dantu uma oggolaaneyso in ay xabsi dadka lagu xiro dhisaan, marka ay guuraanna ay rartaan. In qofka muddo kooban geed lagu xiro way dhacdaa, waana arrin geyiga Soomaaliyeed laga yaqaan. Inta badan waxay timaaddaa qofka oo aan qaadan gar laga helay ama diida ganaax la saaray.

Dhan kale marka laga eego, qaabka xeerdejinta ee Xeer-soomaaliga iyo midka calmaanigu wax weyn oo la sheego kuma kala duwana. Xeer-Soomaaliga waxaa kulan isugu yimaada xeerbeegtida iyo odayaasha qabiilka, iyaga ayaana ka arrinsada xeerka loo dejinayo arrinka ugub ee bulshada ku soo kordhay ama in arrinkaas cusub la haleeshiinayo xeer

---

226 Benjamin K. (2018).

ama qodob horey u jirey. Calmaaniyadda golaha baarlamaanka ayaa
hawshaa iska leh, marmarna bulshada ayaa codkooda la weyddiiyaa.
Labada qolaba wadaad masaajid jooga iyo mid kaniisad jooga toona
looma yeero oo wax lama weyddiiyo.

Sidaan soo xusnay, Xeer-Soomaaligu wuxuu shiiqiyey ku dhaqankii
Shareecada Islaamka iyo awooddii wadaad lahaa, Xeer-Soomaaligiina
waxaa af gambiyey waranlihii calmaaniga ahaa oo ay gadaal ka
riixayaan gumeystayaashii reer Galbeedka. Waranlihii calmaaniga
ahaa lama kulmin kacdoon uga yimaada xeerbeegtidii xukunka
laga boobay. Gadood la'aantaa waranle-reereedku aanu ka diririn
boobkaa iyo afgambigaa lagu sameeyey waxaa loo tiirin karaa dhowr
arrimood. Tan hore, awooddii maamulka oo gacanta ugu jirtey
gumeysigii waddanka haystey, taasina ay u fududeysey in ay talada
gacanta u geliyaan waranlihii calmaaniga ahaa, una badnaa ururradii
hoggaaminayey kacdoonkii gumeysi-diidka, mabda' ahaanse aan kala
fogeyn. Waxay heshiiis ku ahaayeen, si dadban iyo si muuqataba, in
waddanka lagu maamulo mabda'a Calmaaniyadda.

 Tan labaad, waxay labada waranle wadaageen oo ay heshiiis ku
ahaayeen in xeerarka iyo sharciga waddanka ama bulshada lagu
dhaqayo ay iyagu dejiyaan. Waxay ku kala duwanaayeen saldhigga
xeerarka ay dejinayaan. Xeer-Soomaaliga waxaa saldhig u ah oo
loola noqdaa intiisa badan dhaqanka iyo caadada bulshada, sidaa
darteed wixii la isku maandhaafo waxaa loo celiyaa odoyaasha iyo
xeerbeegtida. Waranlaha calmaaniga ah waxaa saldhig u ah mabda'a
Calmaaniyadda ee ku dhisan nidaamka iyo xeerarka reer Galbeedka.
Wixii la isku qabto waxaa loo celiyaa sharcidejinta, ha ahaadeen
baarlamaan ama ciddii maamulka jira ugu sarreysa. Ilaa hadda oo
la joogo wixii baarlamaanka jira ay isku diidaan, waxaa loo celiyaa
dastuurkii la dejiyey 1960, oo sidaan soo xusnay, saldhig looga dhigay
dastuurkii Talyaaniga.

Arrinka saddexaad, waranle-reereedkii iyo waranlihii calmaaniga ahaa waxay isku raacsanaayeen in wadaad maamulka iyo talada laga fogeeyo. Sidaan soo xusnay, xilligii xorriyadda ee Waranlaha calmaaniga ah ay taladu gacanta u gashay, waxaa wananle-reereedkii lagu sasabay in wixii dhib ah ee miyiga ka dhaca xeerka loola noqdo, wadaadkiina inuu arrimaha qoyska ee dhanka guurka uu garsoore ka noqdo. Iyadoo waranle-reereedkii ay awooddiisii yaraatay, haddana mar walba labada waranle waxay heshiis ku ahaayeen inaanu wadaad talo ku yeelan maamulka reerka iyo midka dalka. Heshiiskaas iyo is-gaashaan-buureysigaasu wuxuu si cad u soo baxay xilligii ay dawladdii dhexe burburtay ee uu dalku dagaalkii sokeeye galay.

Dagaalladii dalka ka dhacay ee uu wadaadku qaybta ka ahaa, qaarkoodna aan soo xusnay, waxay salka ku hayeen is-maan-dhaaf u badan dhanka maamulka iyo hoggaanka bulshada. Dagaalladii waddanka ka dhacay labadii qarni ee la soo dhaafay iyo midka aan ku jirnaba waxaa kala hoggaaminayey wadaad u dagaallamayey in bulshada diinta lagu dhaqo, iyo waranle doonayey in aanay taladu gacantiisa ka bixin. Dagaalladii dhacay burburka ka dib waxaa aad loo xusuustaa kuwii dhexmaray ururka Alitixaad Alislaami iyo hoggaamiye-kooxeedyadii waddanka ka jirey. Dagaal kasta oo dhaca waxay odayaal-dhaqameedka badankoodii garab istaageen hoggaamiye-kooxeedyadii. Arrinkaasu wuxuu muujinayaa xiriirka dhow ee labada waranle ka dhexeeya, taasina waxay keentay in ay taladu si fiican gacanta ugu sii gasho waranlihii calmaaniga ahaa.

Sidoo kale, arrinkaasu wuxuu si dhab ah uga muuqday qaabkii ay odayaashu u soo xuleen ergooyinkii qabiilka u matalayey baarlamaanka. Odayaasha badankoodii waxay doorbideen oo ay doorteen waranle calmaani ah. Sidoo kale, waranle waxay kala dhinteen dariiqadii suufiyada ee Ahlu Sunna la baxday markii talada iyo maamulka reerka la isugu yimid. Doodda taagani waa middii weligeed taagneyd. Waranle wuxuu ku dacwiyayaa, 'wadaad hub wata oo reer u taliya xaggee lagu arkay!', wadaadna wuxuu ku doodayaa in ay bulshadu Muslim tahay, loona baahan yahay in diinta Alle soo dejiyey lagu dhaqo.

Waranlihii calmaaniga ahaa oo aragtidii Calmaaniyadda xanbaarsan ayey taladu gacanta ugu jirtey laga soo bilaabo xorriyaddii, kooxihii kula dagaallameyna kuma guuleysan in ay mabda'aa ka hor tagaan. Mabda'an oo ay taageerayaan waddammada sheegta in ay hor mareen iyo hay'adaha caalamiga ah wuxuu helay taageero dhan walba ah. Sidoo kale, Calmaaniyadda waxaa ku hoos lammaan mabaadi' kale oo ka khatar badan oo aan qaarkood soo xusnay. Waddan iyo goob kastaba waxaa u joogo wakiillo fuliya mabaadi'dooda, iyaguna ay gadaal ka riixayaan. Xilliyadii dambe waxaa taagneyd dood adag oo ay qaar culimada Soomaaliyeed ka mid ah ay ka hadleen. Waxaa la soo jeediyey qodob sheegaya in marka gabadhu gaarto da'da 18 sano loo aqoonsan karo qaangaar oo la oggol yahay in la guursado. Wasaaradda Haweenka iyo Xuquuqda Dadka ee Dawladda Federaalka ayaa soo jeedisey hindise uu qodobkaa ka mid yahay. Waxay wasaaraddu soo jeedisey in qofkii guursada gabar da'daa ka yar loo aqoonsanayo fal-dambiyeed ah guur ilmo aan qaangaarin, ruuxaasna uu muteystay xarig u dhexeeya toban ilaa shan iyo toban sano.[227] Waxaa la yaab leh in waddamada Galbeedka ee sharcigaa laga soo minguuriyey qaarkood ay oggol yihiin in da'da lix iyo toban ay gabadhu ku guursan karto haddii ay hesho oggolaanshaha waalidka. Waxaa galbeedka ka jira olole cusub oo ujeeddadiisu tahay in la joojiyo in gabadha lagu guursado 16 jir, da'da ugu yarna laga dhigo 18 sano.[228]

227 Halgan.net. (2018).
228 Sky News. (2019).

GUNAANAD

Cilmibaaristan koobani waxay na tusaysaa facweynida iyo
soojireennimada Xeer-Soomaaliga. Xeer leh hannaan iyo
habraac hufan oo si fudud oo cid walbaa garan karto u diyaarsan.
Marka xeer ama qodob la dajinayo, waxaa si qotadheer uga baaraandega
xeerbeegtida ama ciddii garasho iyo aragti lagu maleynayo. Sidaas
darteed, ayey aqoonyahanno badan oo xeerka baaritaan ku sameeyey
uga marag kaceen habka wanaagsan ee loo dejiyey. Sidoo kale,
waxay caddeeyeen inuu ka sito nidaamyo badan oo dunida hadda
ka jira marka la eego sida uu bulshada ugu hor seeday nabadgelyo
iyo habsami kuwada noolaansho. Waxay tilmaameen inuu xeerku
bulshada Soomaaliyeed u keenay in ay arrimahooda si wanaagsan oo
kala dambeyn leh u maareystaan. Iyadoo ay adag tahay in la gooyo
xilliga Xeerku bilowday, haddana waxaa la isku raacay inuu ka maran
yahay oo ka baraxla' yahay soo galooti iyo xeerar dibadda looga keenay,
marka laga reebo kala qaadasho dhanka dhaqanka ah oo ay keentay
isdhexgalka ummadaha ay deriska yihiin. Sidoo kale, bulshooyinkii
dhulka soo maray oo uga tagey dhaqammo iyo caadaad laga dhaxlay.
Dhanka kale, Xeer-Soomaaliga waxaa saameyn weyn ku leh Shareecada

139

Islaamka, qodobbo badanna waxay salka ku hayaan Aayad, Xadiis ama masalo fiqi ah oo culimo waaweyn laga soo guuriyey.

Iyadoo Xeer-Soomaaliga loo sugayo wanaagga uu leeyahay, ayaa dhanka kale waxaa jira goldaloolo ama iin badan oo uu xeerku leeyahay, intooda badanina salka ku haya aqoondarro xagga diinta ah. Sidoo kale, waxaa jira waxyaabo kale oo is biirsadey oo keenay inaanu Xeer-Soomaaligu helin turxaanbixin iyo in laga reebo qodobbo badan oo aan raacsaneyn Shareecada Islaamka. Iyadoo ay jireen xilliyo badan oo aanay bulshadu helin baahibeel xagga diinta ah, haddana waxaa dhulka xilliyo kala duwan qabsadey ummado aanay isku diin iyo xeer aheyn. Dadyowgaa qalaad ee dhulka qabsaday waxaa ugu dambeeyey, kana mid ahaa qolooyinkii ugu saameynta badnaa, gumeystayaashii Yurub ka soo duuley. Waxay dhulka ku soo galeen heshiisyo iyo iskaashi ay la galeen odayaashii ka arriminayey deegaannadii ay yimaadeen. heshiisyadaasu waxay noqdeen kuwii waddada u xaarey in ay waddanka qabsadaan oo ay gumeystaan.

Gumeystuhu wuxuu la yimid dhaqankiisii iyo nidaamkiisii, tixgelinna ma siin diintii iyo dhaqankii bulshada. In kasta oo uu meelaha qaar muujiyey inuu dhaqanka bulshada tixgelinayo, haddana sharciga uu dhulka ku maamulayey wuxuu ahaa kii calmaaniyadda. Maamulka iyo maxkamaduhuba waxay gacanta ugu jireen taliyayaal iyo garsoorayaal gumeystayaasha ka mid ah. Dhanka kale, wuxuu bulshada ku faafiyey, si toos ah iyo si dadbanba, mabda'ii Calmaaniyadda, wuxuuna si gaar ah u tababaray dad uu aragtidaa ku ababiyey. Xeerka ruuxii u dhabbo gala wuxuu ka dheehan karaa in, guud ahaan, Islaamku saldhig u yahay, qodobbo aad u tiro badan oo Xeerka ka mid ahna ay Shareecada Islaamka waafaqsan yihiin. Sidaas oo ay tahay, waa xeer gacan-ku-sameys ah, waana arrinka fudduueeyey in mabda'ii Calmaaniyadda ee isna gacan-ku-sameyska ahaa uu bulshada si fudud ugu dhex fido. Waxyaabahaa labada xeer ay wadaagaan waa arrinka gabbaadka u noqday calmaanigii hore iyo midka hadda jooga.

Dhanka kale, Xeer-Soomaaliga iyo Calmaaniyaddu ma kala didsana, wax badanna way wadaagaan. Xilligii xoriyadda sharciyaqaannadii dastuurka dejinayey waxay ahaayeen Talyaani, waana dastuurka hadda arrin walba loo celiyo ee 1960, wuxuuna ahaa mid laga soo guuriyey midkii Talyaaniga. Dastuurka markii la dhammeystiray, waxaa loo gudbiyey golihii lagu magacaabi jirey Guddiga Siyaasadda oo 50 xubnood oo Soomaali ah ka koobnaa, iyaguna hadal kama keenin oo qalinka ayey ku duugeen. Sharciyaqaanno reer Galbeed ah ayaa aad u saluugey dastuurkaa waddanka loo dajiyey, waxayna sheegeen in Xeer-soomaaligu uu ka mudnaa Calmaaniyadda, iyagoo dhanka kalena muujinaya in aanay labadoodu wax weyn ku kala duwaneyn. Xeer-Soomaaliga haba ku jireen qodobbo badan oo diinta ka hor imaanaya, haddana waa xeer aanay diintu ka marneyn, ummadduna ay garaneyso oo ay la qabsatay.

Waxa kale oo ay cilmibaaristu na tusaysaa in ay jirto kala duwanaan u dhaxeysa aragtida Calmaaniyadda iyo dimuqraadiyadda. Marka la eego qeexidda saxda ah ee dimuqraaddiyadda, waxay oggoshay xeer ama sharci kasta oo ay bulsho doorato, si ay isugu maamusho, xeerkaasu diinba salka ha ku hayee. Ka soo horjeedka, Calmaaniyaddu waxaa u dhigan inaan sharcigaasu aanu diin lug ku laheyn. Xilligan la joogo dimuqraaddiyada iyo Calmaaniyadduba ma leh qeexid la isku raacsan yahay. Haddii ay asal ahaan dimuqraaddiyaddu aheyd nidaam maamul oo bulshadu madaxdooda iyo sharciga ay ku dhaqmayso ay doorato, Calmaaniyadduna ay la dheerayd in diinta iyo dawladda la kala saaro, hadda waxay yeesheen qeexid ka duwan midkii ay lahaayeen. Mid walba waxaa ku laran mabda' iyo siyaasad cusub oo ay reer Galbeedku hadba dhankii ay doonaan u dhigaan. Sidaa darteed, Siyaasaddii Galbeedka ee dimuqraaddiyeyntu waxay keentay doodo cusub iyo qeexid cusub oo ku dhammaaday in aanay isla mid aheyn dimuqraaddiyadda Galbeedka looga dhaqmo iyo midda waddammada Muslimiinta ah ay la doonayaan. Murankaasu wuxuu dhaliyey aragtida xilliyadan caanka noqotay ee ah inaan la isku keeni karin Islaamka iyo dimuqraaddiyadda, qolooyin badanina ay isku taxalujiyeen in ay arrinkaa xal u helaan. Waxay isku dhabar jebiyeen sidii ay isku haleeshiin lahaayeen Islaamka iyo dimuqraaddiyadda.

Ururradii Islaamiga ahaa ee soo baxay markii ay burburtay dawladdii Islaamka ee Cusmaaniyiinta, una halgamayey sidii ay u soo celin lahaayeen dawladdii Islaamka, qaarkood waxay goosteen in ay ka qayb galaan loollankii siyaasadeed ee dunida ka jirey. Arrinkaasu wuxuu ku san dulleeyey in ay oggolaadaan hannaankii dimuqraaddiyadda ee lama huraanka looga dhigay cid walba oo dooneysa in ay hoggaaminta bulshada ka qayb qaadato. Ururradaasu waxay isku qanciyeen in aanay dimuqraaddiyaddu mabda' aheyn ee ay tahay qalab ama jid loo maro maamulka dawladda.

Aragtidaa ay is tuseen waxay beenowdey markii xisbigii Islaamiga ahaa ee FIS ku guuleystey doorashadii ka dhacday Aljeeriya, sannadkii 1991 oo ay af gambiyeen ciidammadu, reer Galbeedkuna ay arrinkaa ku garab istaageen. Taasi waxay muujineysaa in dimuqraaddiyadda Galbeedku uu ka doonayo aanay aheyn sida ay Islaamiyiintu u qaateen, oo ah qeexiddeedii dhabta aheyd. Waxay leedahay ujeeddo iyo qeexid ka duwan sida ay u garteen. Qayb ka mid ah ururradii Islaamiyiinta ayaa siyaasaddoodii dib-u-eeg ku sameeyey, waxayna aqbaleen mabda'ii Calmaaniyadda ee diinta iyo dawladda kala saarayey. Tallabadaasi bedbaado uma noqon, waxaana hadda lagu cadaadinayaa in ay aqbalaan qodobbo si cad uga soo horjeeda Shareecada Islaamka, sida Tuuniisiya oo la rabo in sharci laga dhigo in ragga iyo dumarku ay dhaxalka u siman yihiin, iyo kuwo la mid ah. Waxa dhabta ah ee ay Galbeedku rabaan waa in ay isla helaan dawlad ama maamul calmaani ah iyo bulsho calmaani ah oo aan diin heysan. Sidoo kale, ujeeddada reer Galbeedku leeyahay in aanay aheyn dimuqraaddiyeyn ee ay tahay dagaal diineed iyo mid daneed, dimuqraaddiyadduna waa magac cusub oo diintii Kiristanku la baxday.

Qofka reer Galbeedka ahi marka uu waddankiisa joogo waa ruux ilaaliya hannaanka dimuqraaddiyadda, wuxuuna rumeysan yahay in ay lama huraan tahay in la tixgeliyo dadweynuhu waxa ay doortaan, tallaabada uu qaadayona wuxuu u fiiriyaa danta guud, haddii ay ka soo hartana danta xisbiga uu ka tirsan yahay. Marka arrinku waddankiisa dhaafo, wuxuu noqdaa qof kale oo aan kiisii hore aheyn. Dhaqan ahaan iyo siyaasad ahaanba wuu is rogaa. Wuxuu noqdaa ruux labawajiile ah oo waxa uu afka ka sheegayo iyo falkiisu aanay is laheyn. Wuxuu noqdaa qof nacab ah oo barwaaqada iyo horumarka uu rumeysan yahay inuu hannaanka dimuqraaddiyadda ku gaarey aan u quurin in cid kale ku gaarto. Haddii uu qabo in uu hannaanka dimuqraaddiyadda ku gaarey kala dambeynta iyo nolosha fiican, cid kale in ay dimuqraaddiyadda qaadato uma oggola, in dan gaar ahi ugu jirto mooyaane. Taas ayaa keentay in ay burburiyaan ama af gambiyaan dawlado badan oo qaab dimuqraaddi ah lagu doortay markii ay dantoodii ka dhex arki waayeen. Sidaa darteed, ruuxa reer Galbeedka ahi marka uu waddankiisa ka maqan yahay waa qof aan cid kale wax u oggoleyn, gacmaha iyo tafaha dhiig ku wata, siyaasaddooda arrimaha dibadduna waxay ku dhisan tahay sadbursi iyo dibindaabyo. Marka uu waddankiisa joogo waa ruux dhawrsoon oo mabda'a dimuqraaddiyadda rumeysan, dadkana ugu yeera.

Dhanka kale, aragtidaa Calmaaniyaddu keligeed ma socoto, waxaa ku hoos lammaan mabaadi' kale oo dhammaantood ka soo hor jeeda Shareecada iyo anshaxa guud ee uunka. Goobtii mabda'ani ku xoog bataba, waxaa si aad ah ugu faafa diinlaawannimada, kooxda fongoran ee jinsigudka LGBT, aragtida reer-dumiska ah ee dumarnimada xagjirka ah, waddaninnimada calmaaniga ah iwm. Arrigtiyadaas kala duwan dhammaantood meel kasta oo dunida ka mid ah way ka jiraan, mar kasta oo ay dadku diinta iyo anshaxa wanaagsan ka durkaanna way sii faafayaan.

Sidoo kale, cilmibaarista waxaa nooga soo baxay inaanu Xeer-Soomaaligu ahayn hannaan maamul oo diini ah, sidoo kalena aanu ahayn mid diin ka maran. Qorayaal reer Galbeed ah ayaa Xeer-Soomaaliga baaritaan ku sameeyey, waxayna mataano ka dhigeen isaga iyo Calmaaniyadda. Sidoo kale, waxay qireen in ay bulshada ka jiraan labo kooxood; koox maamulka gacanta ku haysa, waa waranlee, iyo mid arrimaha diinta loogu noqdo oo ah wadaad. Gumeysigii ayaa xeer saddexaad la yimid, waa Calmaaniyaddee, arrinkaasuna wuxuu keenay in xilligii xorriyadda loo saaro guddi ka baaraandega sidii saddexdaa xeer; Islaamka, Xeer-Soomaaliga iyo Calmaaniyadda, la isu heshiisiin lahaa.

Shaxda isbarbardhigeysa Xeer-Soomaaligu iyo Calmaaniyadda, waxay tilmaan fiican ka bixinaysaa waxa ay labadoodu wadaagaan. Waxay shaxdu isbarbardhig ku sameysay shan qodob oo Shareecada, Xeer-soomaaliga iyo Calmaaniyadduba ay isku raacsan yihiin mudnaan gaar ah in ay leeyihiin. Markii si kooban loo dhiraandhiriyey, waxay shaxdu noo soo saartay in xukunka shantaa qodob ay Xeer-Soomaaliga iyo Calmaaniyaddu inta badan is leeyihiin, Shareecada Islaamkuna ay xukun ahaan ka duwan tahay.

Sababta keentay in aanay bulshadu ka didin mabda'a Calmaaniyadda ee khatarta badan ku haya bulshada diinteeda iyo dhaqankeeda, waxaa inta badan loo aaneyn karaa Xeer-Soomaaliga. Islaamkii waxaa ka xoog batay xeerkii, aqoonsiga la isku gartaana wuxuu noqday midka qabiilka. Arrinkaa waxaa xoojinaya sheekada soomaalida dhexdeeda caanka ka ah ee ku saabsan hadal la weydiiyey Maykal Maryama, oo ahaa nin Soomaali Kiristaan ah, sababta isaga loo doortay waqti doorasho dhacday isagoo aan Muslim aheyn. Wuxuu ku jawaabey in dadkiisu haystaan diin kale oo Islaamka ka xoog badan oo la yiraahdo qabiil. Sidoo kale, xilligii doorashada 1960-kii ayaa nin Soomaali ah oo gaaloobey wuxuu isu soo sharraxay madaxtinnimada. Hooyadii oo ku ogeyd gaalnimada ayaa, inta la yaabtey, weyddiisey sida uu isu soo sharraxay isagoo Kiristan ah. Wuxuu hooyadi u sheegay inuu hadda diintii tolkiis ku soo noqday, diintaas oo ah qabiilka.[229] Labada sheekaba waxay muujinayaan waxa bulshada Soomaaliyeed isu keena inuu qabiilka yahay, qabiilka waxa isku hayaana uu xeerka yahay.

---

229 Waxaa ii sheegay Idaajaa oo aan kula kulmay Birmingham 12/11/2017

Aqoonta yar ee ay bulshadu diinta u leedahay iyo Xeer-Soomaaliga oo calmaaniga siinaya gabbaad uu isku qariyo, waxay dhalisay in qofka Soomaaliga ahi aanu ka didin mabda'ii Calmaaniyadda. Waxaa soo baxay dad badan oo aan diin rumeysneyn, bulshadoodana ku dhex jira, walibana aan wax dareen ah laga qabin. Nin aan is naqaanney ayaa wuxuu ii sheegay in uu nin adeer ugu aaddanaa oo ay Xamar ugu dambeysey uu Nayroobi kula kulmay. Salaantii Islaamka intuu ku saalamay ayuu si kal iyo laab ah u soo dhaweeyey. Intuu xabadka banneeyey oo katiinad isku-tillaabtii Kiristanka leh tusay ayuu yiri, `Adeer, ma Muslim baad ii qabi jirtey! Kiristaan ayaan ahaa !'

Waxaa laga yaabaa in ninkaas ay gabar soomaaliyeed oori u aheyd, sharcigana loogu xiray. Sheeko taa la mid ah ayaa nin kalena ii sheegay. Nin xilligii dawladda shaqaale sare ahaa, dadkuna ku sheegi jireen inuu gaal yahay, reer iyo carruurna leh ayaa la soo gaarsiiyey inuu ninkii muslimay. Ninkii ayey Soomaaliya isku arkeen, wuxuuna weyddiiyey arrinkii soo islaamiddiisa. Wuxuu ugu jawaabey, "Waxay iga badiyeen waa gaal, marka maalin ayaan khamiis u soo qaatay, markaas ayey meel walba la mareen `wuu Muslimay'. Iyagaan ku jahwareerinayaye waxba iskama kay beddelin." Sheekadu waxay muujineysaa in ninkaas arrinkaa gaalnimada ee lagu sheegay lagu ogaa, wax dhib ah oo loo geysteyna aanay jirin oo dhaafsiisan in afka laga sheego inuu gaal yahay. Cidda uu isku halleynayo oo gaashaanka u ah waa reerka uu ka dhashay, waxa reerka isku xiraana waa dhalashada iyo xeerka u dhigan. Labaduba faaqidaad kuma sameyn diinta uu haystey.

Waxaan goobjoog u ahaa dood ka dhacday magaalo Ingiriiska ku taal oo aan degganaa. Warside af Soomaali ku soo baxa oo Ingiriiska ka soo bixi jirey qodob ku yaalley ayey dooddu ka bilaabantay. Qodobku wuxuu ku qornaa qayb uu warsiduhu ku magacaabey `Arrimaha Diinta.' Qodobka waxaa cinwaan u ahaa `Siyaasad aan sixir laheyn: Ha la idiin duceeyee kala duwa diin iyo dawlad!' Markii aan dhegeystey aragtidii dadka, waxaa loo kala baxay labo kooxood; koox ka didday, kuna tilmaamay in hadalku yahay aragtidii Calmaaniyadda iyo qolo aan dhib weyni uga muuqan.[230]

Markii aan u dhabbo galay waxa kala aragti duway labada kooxood, waxaan ogaaday in ay ku kala duwanaayeen heerkooda aqooneed ee diinta iyo aqoonta ay u lahaayeen Calmaaniyadda. Qof ku soo barbaaray dhaqankii Soomaaliyeed ee uu xeerku ahaa waxa bulshadu ku dhaqanto, wadaadkuna maamulka reerka geed uga xirnaa in arrinkaasi ka hoos baxo wax lala yaabo ma aheyn. Sidoo kalena, ay uga dambeysey oo uu ku hoos noolaa dawladihii waddanka soo maray ee ku dhaqanka Shareecada iyo xeerkii bulshada labadaba laalay, kuna beddeley xeerkii Calmaaniyadda.

Qodobkaa warsidaha ku soo baxay ujeeddada ka dambeysa ma aheyn mid ka qarsoomi kartey qof kasta oo aqoon yar oo diimeed leh, aqoon-dhagoodba ha ahaatee, ama la socda hannaanka maamul ee dunida ka jira. Waa ereyo la mid ah kuwii uu afbuuxa ku yiri aabbihii calmaaniyiinta Masar, Fu'aad Zakariya, kuna sheegay in ay laf cad toobin ku hayaan kuwa u ololeeya ku dhaqanka Shareecada Islaamka ee aan dunida xilligan iyo waxa jira la socon karin.[231] Si bareer ah ayuu u caddeeyey inaan shareecada xilligan lagu dhaqmi karin. `Kala duwa diin iyo dawlad' waa halkudhigyadii calmaaniyiinta. Kaba darane, qoraagii qodobkaa wuxuu ahaa kii soo saaray buuggii ummadda ka yaabiyey, culimo iyo caamona laga hadlay ee loo bixiyey, `Xadka riddada maxaa ka run ah?' Qoraagu nin ummadda horey u sahmiyey ayuu ahaaye, markii uu buugga soo bandhigayey, waxaa la iigu warramay in gole dhan loo buuxiyey, si kalsooni ku jirtana uu uga hadlay buuggiisa.

Xeerkii dadka diinta looga dhigay wuxuu marin habaabiyey bulshadii, waxaana soo baxay muuqaal u eg kii Yurub yaalley. Wuxuu jid u furay

230 Qodobku wuxuu ku soo baxay warsidaha Kasmo 11-kii April 2013
231 Yuusuf Qardaawi (1407H).

oo fududeeyey in mabda'a Calmaaniyaddu uu talada ummadda la wareego. Waxaa soo baxday inaanu Xeer-Soomaaligu ka didsaneyn Calmaaniyadda, Calmaaniyadduna aanay ka biyo-diidsaneyn xeerka. Dad badan waxaa ka qarsoon oo aanay aqoon u laheyn in diinta Islaamka iyo Masiixiyaddu ay kala duwan yihiin. Diinta Masiixigu waxay u degsan tahay in la kala qaybiyo labada awoodood; midda diinta oo wadaadka kaniisaddu matalo iyo midda siyaasadda oo boqorka iyo ciddii u dhiganta ay matasho. Islaamku waa nidaam dhammeystiran, dhanka hoggaanka, dhaqaalaha, arrimaha bulshada, iwm.²³²

Waxyaabo badan oo ay wadaagaan Xeer-Soomaaliga iyo Calmaaniyaddu dartood, waxaa fududaatay in ay Calmaaniyaddu ku soo dhex dhuumato oo ay gabbaad ka dhigato Xeerka, ka dibna ay si fudud u baro bixiso Xeerkii. Calmaanigii isagoo shaatigii waranlaha gashan ayuu taladii la wareegey, odayaal-dhaqameedkiina af gambiyey. Wadaad oo markiisii horeba xeerku waxba u oggoleyn, calmaanina geed ayuu ku sii xiray. Baraaruggii iyo saxwadii bilaabantay laftigeedu lama iman qorshe iyo hab ay uga hor tagi karto labadii awoodood ee Xeerka iyo Calmaaniyadda. Gobollo badan oo ay wadaaddadu muddo ka arriminayeen kuma raagin, taasna waxaa loo tiirin karaa iyadoon si qotadheer loo baarin halka ugu habboon ee bulshada laga abbaari karo.

Si kastaba ha ahaatee, sidii calmaaniyiintu ugu guuleysateen in ay Xeer-Soomaaliga adeegsadaan, ugana dhigtaan gabbaad ay talada ummadda kula wareegaan, dhaqdhaqaaqii wadaaddadu hor kacayeen suurtagal uma noqon. In kastoo ay ku guuleysteen, dacwo ahaan, in ay ummadda baraarujiyaan, meelo badanna raad fiican ay uga tageen, haddana dhanka hoggaanka iyo siyaasadda hannaan bulshada soo jiita lama iman. Qorshe la'aantaasu waxay keentay burbur iyo iska horimaad gudahooda ah oo gaarsiiyey in ay kooxo u sii kala jajabaan. Iska horimaadkaasu wuxuu dhaawac weyn u geystey kalsoonidii

232 Yuusuf Qardaawi (1407H).

ummaddu ku qabtey wadaadka, wuxuuna dibdhac weyn ku sameeyey baraaruggii diineed ee bulshada. Sidoo kale, kala jajabkaa wadaadka ku dhacay wuxuu jid u furay inuu soo labo kacleeyo waranlihii calmaaniga, waranle-reereedkiina uu dib u soo noolaado.

Waxaa muuqda sansaan u eg sidii wadaad ahaan jirey iyo inuu tolkiisa dhinac ka raaco, kuna koobnaado inuu ka jawaabo wixii arrin diineed ah ee la weyddiiyo. Sidoo kale, inuu qaayibo xeerka tolka iyo talada waranlaha. Wadaadka xilligan jooga waxaa ku dhacay burbur siyaasadeed, mid hoggaan iyo mid manhaj, taladii bulshadana waranlihii calmaaniga ahaa ayey si qummaati ah gacanta ugu gashay. Haddii aanu wadaad la iman qorshe cad oo uu dib ugu soo noolaynayo kalsoonidii ummadda ee luntay, dib-u-eeg aanu ku sameyn qorshaha siyaasadeed ee u degsan, arrimuhu siday u kala mudan yihiin aanu u kala hormarin; tixgelin aanu siin duruufaha ku hareereysan, ciddii arrimahaa maareyn laheydna aanu u dooran, waxay ku dhex milmi doonaan bulshada, waxayna ku dambeyn doonaan maahmaahdii aheyd `fiqi tolkiis kama janno tago!'

TIXRAAC

Afyare Abdi Elmi . (2010). *Somali Islamists: A potential ally?*. Available: http://www.aljazeera.com/focus/2010/01/201016102343505552. html. Last accessed 03/11/2017.

Aljazeera. (2014). نداء تونس. Available: http://www.aljazeera. net/encyclopedia/movementsandparties/2014/1 1/8/%D9%86%D8%AF%D8%A7%D8%A1- %D8%AA%D9%88%D9%86%D8%B3. Last accessed 18/09/2018

Aljazeera. (2018). النهضة: هذا موقفنا من قضية المساواة بالإرث في تونس. Available: http://www.aljazeera.net/news/arabic/2018/ 8/27/%D8%A7%D9%84%D9%86%D9%87%D8% B6%D8%A9-%D9%87%D8%B0%D8%A7-%D9% 85%D9%88%D9%82%D9%81%D9%86%D8%A7- %D9%85%D9%86-%D9%82%D8%B6%D9%8A%D8%A9- %D8%A7%D9%84%D9%85%D8%. Last accessed 18/09/2018

Amel Boubekeur (2007). Political Islam in Algeria. Centre for European Policy Studies (CEPS). Working Paper No. 268. May. Brussels.

Ana Bele'n S. (2009). Introduction to Political Islam. *Religion Compass.* 3 (5), 887–896.

Andre' K. (1997). Types of Democracy. *Journal of Theoretical Politics.* 9 (4), 419-444

Andre Le S. (2005) *Stateless Justice in Somalia Formal and Informal Rule of Law Initiatives*, Switzerland: Centre for Humanitarian Dialogue.

Andre Le Sage (2005). *Stateless Justice in Somalia Formal and Informal Rule of Law Initiatives (Report)*. Switserland: Centre for Humanitarian Dialogue.

Angel R., Cheryl B., Lowell H. S. and Peter S. (2007). *Building Moderate Muslim Networks*. United States: RAND Corporation.

Anna van Praagh . (2015). *Feminism's Superheroes*. Available: http://www. redonline.co.uk/red-women/blogs/laura-bates-and-nimco-ali-feminisms-superheroes. Last accessed 03/11/2017.

Anthony H. and Omar Kh. (2012). *Ethnic Minority British Election Study – Key Findings*. Available: https://www.runnymedetrust.org/ uploads/EMBESbriefingFINALx.pdf. Last accessed 23/11/2017.

Asmatu Alxarakatu Alislaamiya (2016). *Youtube video, Bilaa Xuduud-Aljazeera ; Shiikh Maxammed Xasan Walad dadoo*. Available: https://www.youtube.com/watch?v=ENVSH_HJya4

Axmed C. Riiraash (1971). *Kashfu As-suduul can Taariikhi As-soomaamaal wa Mamaaliikihim As-sabcah*. Soomaaliya: Wasaaradda Warfaafinta iyo Hanuuninta Dadweynaha.

Axmed F C Idaajaa (2017). *Silsiladda Xulka Suugaanta Soomaalida. Qaybta 1*. Leicester: Looh Press.

Axmed Ar-raajixi Alcuqeyliyi (2007).
.اللآلئ السنيّة في الأعقاب العقيليّة المسمي العقيليون في المخلاف السليماني وتهامة
3rd ed. Qaahira-Masar: Daarul Mannaar.

Axmed Ibraahim Cawaale (2012). *Dirkii Sacmaallada: Meel-kasoo-jeedka Soomaalidii Hore*. 2nd ed. Hargeysa-Soomaaliya: Iftin Color Printing.

Axmed Shiikh Cali Buraale (1977). *Xeerkii Soomaalidii Hore*. Muqdisho: Wasaaradda Hiddaha iyo Tacliinta Sare; Akadeemiyada Dhaqanka.

Aw Jaamac Cumar Ciise (1976). *Taariikhdii daraawiishta iyo Sayid Maxamed Cabdulle Xasan, 1895-1921*. Soomaaliya: Wasaaradda Hiddaha iyo Tacliinta Sare; Akadeemiyada Dhaqanka.

Barry R. S., John R. Ch. and Bonnie M. L. (2012). Conservatives are happier than liberals, but why? Political ideology, personality, and life satisfaction. *Journal of Research in Personality*. 46 (2), 127-146.

BBC. (2009). *Secularism* . Available: http://www.bbc.co.uk/religion/religions/atheism/types/secularism.shtml. Last accessed 26/11/2017.

BBC. (2018). «الرئيس التونسي يدعو إلى «المساواة في الميراث بين الرجل والمرأة. Available: http://www.bbc.com/arabic/middleeast-45173091. Last accessed 18/09/2018

Benjamin K. (2018). *Tory MP ask government to consider bring back death penalty*. Available: https://www.independent.co.uk/news/uk/politics/tory-mp-bring-back-death-penalty-john-hayes-lincolnshire-capital-punishment-a8615731.html. Last accessed 07/02/2019.

Cabdalla Mansuur (2017). *Taariikhda iyo Luqadda Bulshada Soomaaliyeed*. 2nd ed. Great Britain: Looh Press.

Cabdalla Xaaji Cusmaan Ceeleeye (2010). *Xeer-Dhaqameed (Xeer-Ciise)*. Jabuuti: Jabuuti.

Cabdi Jaamac Aw-Aadan (nd) *Waayihii Soomaaliya: Bogag ka mid ah Taariikhda Soomaaliyeed*, 1st edn., USA: Shafiq Ahmed.

Cabdiraxmaan Cabdullaahi Baadiyow (2017a). *Making Sense of Somali History (volume 1)*. United Kingdom: Adonis & Abbey Publishers.

Cabdiraxmaan Cabdullaahi Baadiyow (2017b). *Recovering the Somali State: The Role of Islam, Islamism, and Transitional Justice*. United Kingdom: Adonis & Abbey Publishers.

Cabdirisaaq Caqli (2018?). *Taariikhda Sheekh Isaxaaq*. Hargeysa-Soomaaliya: Asal Printing.

Cabdulcasiis A Alcalawi. (2014). بناء الانسان ياتي قبل بناء كل شيء. Available: http://sefroupress.com/sefrou/societe-sefrou/3330-%D8%B5%D9%81%D8%B1%D9%88-%D8%A8%D8%B1%D9%8A%D8%B3...%E2%80%

99%E2%80%99%D9%82%D8%A7%D9%84%D9%
87%D8%A7-%D8%A7%D9%84%D9%85%D9%86-
%D8%AC%D8%B1%D8%A9-%D9%8A%D9%88%D9
%85%D8%A7%E2%80%99%E2%80%99...%E2%80%9
9%E2%80%99...%D8%A8%D9%86%D8%A7%D8%A1-
%D8%A7%D9%84%D8%A7%D9%86%D8%B3%D8
%A7%D9%86-%D9%8A%D8%A7%D8%AA%D9%8A-
%D9%82%D8%A8%D9%84-
%D8%A8%D9%86%D8%A7%D8%A1-%D9%83%D9%84-
%D8%B4%D9%8A%D8%A1...%E2%80%99%E2%80%99.
html. Last accessed 02/10/2018.

Cabdulcasiis Kaxiil. (2009). ‮اتجاهات الأدب الفرنكوفوني في المغرب العربي‬.
Available: http://www.alukah.net/publications_
competitions/0/5553/. Last accessed 18/01/2018.

Cabdullaahi Bin Saalix Al-cujeyri (2014). *Maliishiya Al-Ilxaad;Mad-
khalu Lifahmi Al-ilxaadi Al-jadiid*. 2nd ed. London: Takween
Studies and Research.

Cabdullaahi M Cawsey (2014) *The Success of Clan Governance in
Somalia: Beyond Failed State Discourse*, Available at: *http://
somalithinktank.org/wp-content/uploads/2014/05/Latest-1.
pdf* (Accessed: 20/11/2017).

Cabdulqaadir C. Diini (2013). *Hoggaanka iyo Haweenka*. Qaahira:
Daaru Al-cilmi.

Cabdulqaadir C. Diini (2018). *SHiicada Caqiidadeeda iyo Sooyaalkeedii
Geeska Afrika*. United Kingdom: Looh Press.

Cabdurrasaaq Ciid (1999). *Ad-dimuqraadiyatu Bayna Alcalmaaniyati
Wal-Islaam*. Suuriya: Daaru Alfikir.

Cali C. X. (1977). *The Arab Factor in Somali History: The Orginins
and Development of Arab Enterprise and Cultural Influences
in The Somali Peninsula*. Ph.D. United States: University of
California.

Catrina, S. (2016). *Young Somali activist sentenced to death for being a lesbian.* Independent, 30 Jan. Available: http://www.independent. co.uk/news/world/africa/young-somali-activist-sentenced-to-death-for-being-a-lesbian-a6844216.html. Last accessed 03/11/2017.

Charles T. (2010) 'The Meaning of Secularism', *The Hedgehog Review,* -(-), pp. 23-34 [Online]. Available at: *http://iasc-culture.org/THR/ archives/Fall2010/Taylor_lo.pdf*(Accessed: 22/11/2017).

Chia-Ling Sh. (2010). Breaking the Silence: nationalism and Feminism in Contemporary Egyptian Women's Writing. PhD Thesis, University of Leicester.

Chiara F. (2012). Is an Islamic democracy possible? Perspectives from contemporary South East Asia. *South East Asia Research.* 20 (1), 133-138.

David B. (2007). Can there be an Islamic democracy?. *Middle East Quarterly.* 14 (2), 17 +.

Difference Between. (nd). *Difference between Secular and Democratic.* Available: http://www.differencebetween.info/difference-between-secular-and-democratic. Last accessed 22/11/2017.

Eric V., Mary A. and Keith A. (1974). Liberalism and its History. *The Review of Politics.* 36 (4), 504-520.

Ewan S., Frédéric V., Fabio M., Kawther A. and Larissa A. (2014). *Islamism and the Arab Uprisings.* Available: http://www. casaw.ac.uk/wp-content/uploads/2014/04/Islamism-and-the-Arab-Uprising-June-2014-Ewan-Stein-Report.pdf. Last accessed 14/12/2017.

Faadumo Cumar (1995). Xuquuqu Almar'a wa Waajibaatihaa fii Daw'I Alkitaab Wasunnah. 2nd. Ed. Masar. Madbacatu Al-madani.

Fatima Mernissi (1991). *The Veil and the Male Elite: A feminist Interpretation of Women's Right* .translated by Mary Jo Lakeland. USA: Basic Books.

Frank Y. W. (2015). In Search for the Many Faces of Community Resilience Among LGBT Individuals. *Am J Community Psychol.* 55 (-), 239–241.

Gabe B. (2016). *The World's Newest Major Religion: No Religion.* Available: https://news.nationalgeographic. com/2016/04/160422-atheism-agnostic-secular-nones-rising-religion/. Last accessed 14/02/2018.

Gary J. (2011). *How many people are lesbian, gay, bisexual, and transgender?.* Available: https://williamsinstitute.law.ucla.edu/wp-content/uploads/Gates-How-Many-People-LGBT-Apr-2011.pdf. Last accessed 30/11/2017.

Gerald Hanley (1971). *Warriors; Life and death among the Somalis.* London: Eland Publishing.

Gokhan B. (2011). The Separation of Islam and Nationalism in Turkey. *Nationalism and Ethnic Politics.* 17 (2), 140-160.

Goobjoogmedia. (2017). *Waalidka dhalay Dr Maryan oo beeniyey inag gabadhoodu Kiristan aheyd.* Available: https://www.youtube.com/watch?v=rm0qjyZf9AA. Last accessed 03/11/2017.

Halgan.net. (2018). *Culimada oo baaq ka soo saartay khatarta hindise-sharciyeedka qaanuunka jinsiga ee DFS.* Available: http://halgan. net/2018/10/culumada-oo-baaq-ka-soo-saartay-khatarta-hindi-sharciyeedka-qaanuuneedka-jinsiga-ee-dfs-daawo/. Last accessed 24/01/2019.

Hassan Al Mansoori. (2015). *The Arab spring and political Islam in the Middle East: 2008-2014.* Available: https://www.researchgate.net/publication/280924024_The_Arab_spring_and_political_Islam_in_the_Middle_East_2008-2014. Last accessed 14/12/2017.

Hiba Mustafa Anwar Dayaab (2018). *Alcalaaqaatu Almasriya As-Soomaaliya 1865 - 1980.* Masar: Alhay'atu Almasriya Alcaamma Lilkitaab.

Howard M F. (1977). Islam and Nationalism. *Journal storage (Jstor).* 24 (-), 38-85.

Huffpost. (2012). What Is The Electoral College? How It Works And Why It Matters. *Huffpost*, [online] p.-. Available at: https://www.huffingtonpost.com/2012/11/06/what-is-the-electoral-college_n_2078970.html [Accessed 24 Nov. 2017].

I M Lewis (1988). *A Modern History of Somalia; Nation and State in the Horn of Africa*. 2nd ed. United States: Westview Press.

I M Lewis (1998). *Saints and Somalis*. USA and Eritrea: The Red Sea Press.

Irfan A. (2011). Democracy and Islam. *Philosophy and Social Criticism*. 37 (4), 459–470.

Ismaaciil C. (2017). كيف ظهر الالحاد . Available: https://midan.aljazeera.net/intellect/sociology/2017/7/25/%D9%81%D9%8A-%D8%AF%D9%88%D8%A7%D9%81%D8%B9-%D8%A7%D9%84%D8%A5%D9%84%D8%AD%D8%A7%D8%AF. Last accessed 22/01/2019.

Ismaaciil Cali Maxammed. (2016). المستشرقون وإصدار الكتب والمجلات. Available: http://www.alukah.net/culture/0/100499/. Last accessed 18/01/2018.

J. Gordon Melton. (2011). *Unbelief (Religious Skepticism, Atheism, Humanism, Naturalism, Secularism, Rationalism, Irreligion, Agnosticism, and Related Perspectives)*. Available: http://reason.sdsu.edu/docs/reason_bibliography_rev7_12.pdf. Last accessed 26/11/2017.

Jacqueline R. (2011). *Muqhaamatu Al-fikri Al-orobiyi: Qisatu Al-afkaari Al-qharbiya. Amal Diibuu* [Online]. Available at: https://www.books4arab.com/2017/04/L-Aventure-de-la-pensee-europeenne-Une-histoire-des-idees-occidentales-pdf.html (Accessed: 22/11/2017)

Jama M. (2002). Imperial Policies and Nationalism in The Decolonization of Somaliland, 1954-1960. *The English Historical Review*. 117 (474), 1177-1203.

James A. (2015). The Major Ideologies of Liberalism, Socialism and Conservatism. *Political Studies*. 63 (5), 980-994.

Jesse G., Jonathan H. and Brian A. N. (2009). Liberals and Conservatives Rely on Different Sets of Moral Foundations. *Journal of Personality and Social Psychology*. 96 (5), 1029–1046.

Joseph A. Massad (2015). Islam in Liberalism. United States of America. The University of Chicago Press.

Konrad-Adenauer-Stiftung (KAS). (2012). *Concepts and Principles of Democratic Governance and Accountability.* Available:http://www. kas.de/wf/doc/kas_29779-1522-2-30.pdf?11121919022. Last accessed 22/11/2017.

Laurel H., Todd L. M., & Melinda R. S. (2013). "That's So Gay!" Exploring College Students' Attitudes Toward the LGBT Population. *Journal of Homosexuality*. 60 (4), 575-595.

Laurence, J. (2013). Islam and Social Democrats: Integrating Europe's Muslim Minorities. *Dissent Magazine*, [online] Available at: https://www.dissentmagazine.org/article/islam-and-social-democrats [Accessed 23 Nov. 2017].

Ledrew S. (2013). *Scientism, Humanism, and Religion: The New Atheism and the Rise of the Secular Movement.* Phd. York University, Toronto, Ontario.

Lilian, O. (2017). *Somali Christians, Facing Persecution, Hang On to Hope for Sanctuary in U.S.* Global Press Journal, 10 April. Available: https://globalpressjournal.com/africa/kenya/ somali-christians-facing-persecution-hang-hope-sanctuary-u-s/. Last accessed 03/11/2017

Lily Zubaidah R. (2011). Muslims reclaiming the quasi-secular democratic state. Paper presented at the symposium 'Spirited Voices from the Muslim World'. 27-29 April. University of Sydney.

Linda W. (2016). The rise of 'no religion' in Britain: The emergence of a new cultural majority. *Journal of the British Academy*. 4 (-), 245–261.

Lyn I. (2007). Homophobia and heterosexism: implications for nursing and nursing practice. *Australian Journal of Advanced Nursing*. 25 (1), 70-76.

Machadka Afafka ee Jabuuti iyo Naadiga Qalinleyda iyo Hal'abuurka Soomaaliyeed (2013). *Qaamuus Afsoomaali*. Jabuuti: Soomaal.

Marjaana L., Bethany H., Tapani R. & Tommi M. (2014). Atheists Become Emotionally Aroused When Daring God to Do Terrible Things. *International Journal for the Psychology of Religion*. 24 (2), 124-132.

Mathnaa Amiin(2011). Xarakatu Taxriiru Almar'a. 2nd ed. Qaahira. Daarul Qalam.

Matt J. (2007). *Gay, Lesbian, Bisexual, and Transgender Subject Access: History and Current Practice*. Available: http://www.lib. washington.edu/msd/norestriction/b58062361.pdf. Last accessed 30/11/2017.

Maxammed Axmed Cabdulqani. (2014). العلمانيّة شجرة خبيثة. Available: https://www.alukah.net/sharia/0/71166/. Last accessed 19/02/2019.

Maxammed C. Gaandi. (2014). *Isirka Soomaalida*.Available: https:// www.youtube.com/watch?v=OxLo_NSJ1Ao. Last accessed 06/02/2019.

Maxammed Cali Albaar (2008). *Alcilmaaniyatu Juduuruhaa Wa Usuuluhaa*. Suuriya: Daarul Alqalam.

Maxammed Naasuruddiin Albaaniyi. (1995). سلسلة الأحاديث الصحيحة وشيء من فقهها وفوائدها Juska 3aad. Riyadh: مكتبة المعارف للنشر والتوزيع.

Maxammed Shaakir Ash-shariif (1411H). *Al-cilmaaniyatu Wa Thimaaruhaa Al-Khabiitha*. Riyadh: Daaru Al-waddan Lin-nashri.

Maxammed Turunji (2015). *Somalia: The Untold History 1941-1969*, 1st edn., Great Britain: Looh Press.

Maxammed Zayn Alhaadi (1409H). *Majaalaatu Intishaari AlCalmaaniayati Wa Atharihaa fii Almujtamaci AlIslaamiyah*. Riyadh: Daaru Alcaasima.

Michael M. (2007). Democracy and Religion: Theoretical and Empirical Observations on the Relationship between Christianity, Islam and Liberal Democracy. *Journal of Ethnic and Migration Studies*. 33 (6), 887-909.

Michael van N. (2005). *The Law of the Somalis*. USA and Eritrea: The Red Sea Press.

Mohammed Ayoob (2006). The Many Faces of Political Islam. Institute of Defence and Strategic Studies. Working Paper No. 119. Singapore.

Mohammed Hussein Moallim Ali (2011). Athaqaafatu As-Soomaaliyatu Waruwaadduhaa fii As-soomaali-Daraasatu Taariikhiyatu Xadaariyah. Qaahira. Daaru Alfikri Alcarabiyi.

Mohanad Mustafa & Ayman Talal Yousef. (2013). The Interaction of Political Islam with Democracy: The Political Platform of the Muslim Brotherhood in Egypt as a Case Study. *International Journal of Humanities and Social Science*. 3 (11), 144-154.

Mustafa Sibaaci (2003). Almar'atu bayna alfiqhi wa Alqaanuun. Qaahira. Daaru Salaam.

National Secular Society. (2016). *Secularism 2016 Conference: Secularism 'on the frontline of the most important issue of our time'*.Available: http://www.secularism.org.uk/news/2016/09/secularism-2016-conference--secularism-on-the-frontline-of-the-most-important-issue-of-our-time. Last accessed 03/11/2017.

Naveed S. Sheikh (2009). *Body Count: A Quantitative Review of Political Violence Across WorlCivilizations*. Jordan: The Royal Aal Al-Bayt Institute for Islamic Thought.

Neil O. (2010). Secularisation and the "Rise" of Atheism. *Australian eJournal of Theology*. 17 (-), 13-22.

Nella van den B. (2014). Secular feminisms and attitudes towards religion in the context of a West-European Society — Flanders, Belgium. *Women's Studies International Forum*. 44 (-), 35-45.

Neville Ch. (1965). The `Shirazi' Colonization of East Africa.*Journal of African History*. 1 (3), 275-294.

Noor Ali. (2013). *Gay Somali refugees face death threats*. Available: http://www.aljazeera.com/indepth/featur es/2013/06/2013630131245411453.html. Last accessed 03/11/2017.

Norris P. (2013). Muslim support for secular democracy. In: Rahim L Z *Muslim Secular Democracy*. Newyork: Palgrave.

Olivier R. (2017). *Political Islam After the Arab Spring Between Jihad and Democracy*. Available: https://www.foreignaffairs.com/reviews/ review-essay/2017-10-16/political-islam-after-arab-spring. Last accessed 10/12/2017

Pamela J. C. and Stanley F.. (1981). The Origins and Meaning of Liberal/Conservative Self-Identifications. *American Journal of Political Science*. 25 (4), 617-645.

Paul C. (2009). The Definition of Atheism. *Journal of Religion and Society*. 11 (-), 1-23.

Qaythaan Bin Ali Bin Jariis. (1995). «Al-Carabu Wa-atharuhum fii Al-awdaaci As-siyaasiyati wathaqaafiyati fii Muqdisho fii Alcusuuri Alwusdaa Alislaamiya» *Majalatu Al-Carab* January/February 1995: 185-205.

Rafaela D. (2013). The Left and Minority Representation: The Labour Party, Muslim Candidates, and Inclusion Tradeoffs. *Comparative Politics*. 46 (1), 1-21.

Raphael Ch N (2013) *The History of Somalia*, 1st edn., United States: Greenwood.

Richard C. and Christopher S. (2007). Secular Humanism and Atheism beyond Progressive Secularism. *Sociology of Religion*. 68 (4), 407-424.

Richard F. Burton (2017). *The first footsteps in East Africa (Sahankii Richard Burton ee Bariga Afrika);* Tarjume iyo tifaftire: Boodhari Warsame, 1st edn., United Kingdom: Looh Press.

Riham B. (2011). Islamic And Secular Feminisms: Two Discourses Mobilized for Gender Justice. *Contemporary Readings in Law and Social Justice*. 3 (2), 138-158.

Saalim Bahnasaawi (1992). *Al-Islaam Laa Alcilmaaniya*. Kuwayt: Daaru Ad-dacwa Lin-nashri Wat-tawziic.

Saamir S. Amiiniyi (2012). أسرار في حياة الرجل وألغاز في حياة المرأة. Suuriya: Baytu Alxikma.

Saamix Cawdah. (2019). لماذا ينتشر الإلحاد؟.. إليك أبرز الدوافع النفسية الخفية. Available: https://midan.aljazeera.net/intellect/sociolog y/2018/7/26/%D8%B3%D9%8A%D9%83%D9%8 8%D9%84%D9%88%D8%AC%D9%8A%D8%A7-%D8%A7%D9%84%D8%B4%D9%83-%D8%A7%D9% 84%D8%AF%D9%88%D8%A7%D9%81%D8%B9-%D-8%A7%D9%84%D9%86%. Last accessed 24/01/2019.

Safar Xawaali (1402H). *Alcalmaaniaytu; Nash'atuhaa Watadawuruhaa wa aathaaruhaa fii Alxayaati Alislaamiyati Almucaasara*. Sacuudi Carabiya: Daaru Alhijra.

Salaax As-saawi (2011). فتاوي السياسة الشرعية. Masar: Aljazeera Lidabaacati Watajliid.

Salim C. & Hakki T. (2013). In Between Democracy and Secularism: The Case of Turkish Civil Society, Middle East Critique. *Middle East Critique*. 22 (2), 129-147.

Sarah, M. (2014). *Allah vs atheism: 'Leaving Islam was the hardest thing I've done'*. Independent, 19 Jan. Available: http://www. independent.co.uk/news/uk/home-news/allah-vs-atheism-leavingislam-was-the-hardest-thing-i-ve-done-9069598.html. Last accessed 03/11/2017.

Sayida Ounissi. (2016). *Ennahda from within: Islamists or "Muslim Democrats"?*. Available: https://www.brookings.edu/wp-content/uploads/2016/07/Ounissi-RPI-Response-FINAL_v2.pdf. Last accessed 19/12/2017.

Saylor Foundation. (2012). *Types of Democracy.* Available: https://www.saylor.org/site/wp-content/uploads/2012/10/POLSC221-4.1.5-TypesDem-FINAL.pdf. Last accessed 22/11/2017.

Scott R. (2008). *Renewers of the Age Holy Men and Social Discourse in Colonial Benaadir.* Netherlands: Brill

Sener A. (2015). Religion and Nationalism: Contradictions of Islamic Origins and Secular Nation-Building in Turkey, Algeria, and Pakistan. *SOCIAL SCIENCE QUARTERLY.* 96 (3), 778-806.

Shadi H. William Mc. And Rashid D (2017). Islamism after the Arab Spring: Between the Islamic State and the nation-state. Center for Middle East Policy at Brookings. World Forum Paper 2015. Washingtow.

Sky News. (2019). *Protect girls from forced marriage by increasing minimum age to 18, say campaigners.* Available: https://news.sky.com/story/protect-girls-from-forced-marriage-by-increasing-minimum-age-to-18-say-campaigners-11680022. Last accessed 21/08/2019.

Somali Gender Equity Movement (SGEM). (2017). *SGEM 3rd Annual Conference Statement.* Available: http://www.somgem.org/wp-content/uploads/2017/07/SGEM-3rd-Annual-Conference-Statement.pdf. Last accessed 03/11/2017.

somaliforjesus. (2017). *http://somalisforjesus.blogspot.co.uk/.*Available: http://somalisforjesus.blogspot.co.uk/. Last accessed 03/11/2017.

somaliforjesus. (2017a). *The Church in Somalia Hits an Important Milestone.* Available: https://somalisforjesus.blogspot.co.uk/2017/09/the-church-in-somalia-hits-important.html. Last accessed 03/11/2017.

Steven K. (2013). Faithless: The politics of new atheism. *Secularism and Nonreligion.* 2 (-), 61-78.

Telegraph Reporters. (2017). What is the Electoral College? How does it work and what is its role in a US election?. *The Telegraph,* [online] p.-. Available at: http://www.telegraph.co.uk/news/0/what-is-the-electoral-college-how-does-it-work-and-why-is-it-so/ [Accessed 24 Nov. 2017].

The Middle East Media Research Institute. (2017). *Somali Professor and Author Abdi Said: Abolish Notion of Apostasy; Secularism Is the Solution.* Available: https://www.memri.org/tv/somali-author-abolish-notion-of-apostasy-secularism-solution/transcript. Last accessed 03/11/2017.

Tobias H. and Markus V. H. (2009). Failures of the State Failure Debate: Evidence From the Somali Territories. *Journal of International Development.* 21 (-), 42-57.

U.S. Department of Justice. (2016). *Somalia: Treatment of Religious Minorities.* Available: https://www.justice.gov/eoir/file/884961/download. Last accessed 03/11/2017.

UNDP. (2009). *Short History of CEDAW Convention.* Available: http://www.un.org/womenwatch/daw/cedaw/history.htm. Last accessed 02/12/2017.

Veit B. (2007). *Secularism or Democracy? Associational Governance of Religious Diversity.* Holand: Amsterdam University Press.

Virginia L. (2002). *Somali Sultanate: The Geledi City-State over 150 Years.* London iyo New Jersey: HAAN iyo Transaction Publishers.

Womens Equality Party. (2017). *Nimco Ali, Hornsey and Wood Green.* Available: http://www.womensequality.org.uk/nimcoge. Last accessed 03/11/2017.

Xasam Maki M Xasan (1990). *Asiyaasaatu Athaqaafiya fii As-Somaali Al-Kabiir «Qarnu Ifriiqiya - 1887 - 1986».* Khartuum: Almarakazu AlIslaamiyu Alifriiqiyu Lidabaaca.

Yeşim A. (1998). Feminists, Islamists, and Political Change in Turkey. *Political Psychology*. 19 (1), 117-131.

Yuusuf Qardaawi (1407H). Al-Islaam Wal-Calmaaniya Wajhan Liwajhin.

zamanarabic. (2015).
لهدم حضارة: اهدم الأسرة والتعليم وأسقط القدوات والمرجعيات.
Available: https://www.zamanarabic.
com/2015/03/08/%D8%A5%D8%B0%D8%A7-
%D8%A3%D8%B1%D8%AF%D8%AA-
%D8%A3%D9%86-%D8%AA%D9%87%D8%AF%D9%85-
%D8%AD%D8%B6%D8%A7%D8%B1%D8%A9-
%D8%A7%D9%87%D8%AF%D9%85-%D8%A7
%D9%84%D8%A3%D8%B3%D8%B1%D8%A9-
%D9%88%D8%A7%D9%84%D8%AA/. Last accessed 03/10/2018